東京大司教認可

カトリックの祈り

改訂新版

サンパウロ編

サンパウロ

発刊《はっかん》にあたって

文語体《ぶんごたい》による『公教会祈禱文《こうきょうかいきとうぶん》』（カトリック中央協議会《ちゅうおうきょうぎかい》・中央《ちゅうおう》出版社発行《しゅっぱんしゃはっこう》）は、日本《にほん》のカトリック教会《きょうかい》における全国共通《ぜんこくきょうつう》の祈祷《きとう》書《しょ》として、長《なが》い間親《あいだした》しまれ、愛用《あいよう》されてきたものです。しかしながら、第二《だいに》バチカン公会議《こうかいぎ》による典礼刷新《てんれいさっしん》、日本社会《にほんしゃかい》の変遷《へんせん》のなかで、現代《げんだい》の教会《きょうかい》にはそぐわない典礼文《てんれいぶん》や儀式文《ぎしきぶん》も見受《みう》けられます。

このたび発刊《はっかん》された祈祷書《きとうしょ》においては、口語体《こうごたい》による新《あたら》しい祈《いの》りや典礼文《てんれいぶん》はカトリック中央協議会《ちゅうおうきょうぎかい》の『日々《ひび》の祈《いの》り』『ミサの式次第《しきしだい》』『ゆるしの秘跡《ひせき》』『ロザリオの祈《いの》り』『十字架《じゅうじか》の道行《みちゆき》』を使用《しよう》し、また、教会《きょうかい》の財産《ざいさん》として残《のこ》しておきたい貴重《きちょう》で格調《かくちょう》ある祈《いの》りの数々《かずかず》を

『公教会祈禱文《こうきょうかいきとうぶん》』より抜粋《ばっすい》して、『カトリックの祈《いの》り』として生《う》まれ変《か》わらせることにしました。

発刊《はっかん》に際《さい》しまして、ご理解《りかい》とご協力《きょうりょく》をいただきましたカトリック中央協議会《ちゅうおうきょうぎかい》に、心《こころ》からお礼申《れいもう》し上《あ》げます。

一九九五年《ねん》六月《がつ》

サンパウロ

※改訂版《かいていばん》より、二〇一一年度定例司教総会《ねんどていれいしきょうそうかい》の決定《けってい》に従《したが》い、「聖母《せいぼ》マリアへの祈《いの》り」を新《あたら》しい口語訳《こうごやく》である「アヴェ・マリアの祈《いの》り」に変更《へんこう》しました。また、今版《こんぱん》では二〇二一年《ねん》二月《がつ》の定例《ていれい》司教総会認可《しきょうそうかいにんか》による「聖《せい》ヨセフの連願《れんがん》」と「聖《せい》ヨセフへの祈《いの》り」（いずれも口語《こうご》）を、新《あたら》しく追加《ついか》しています。

目《もく》次《じ》

種々《しゅじゅ》の祈《いの》り（文語《ぶんご》） 327

日々《ひび》の祈《いの》り

主《しゅ》の祈《いの》り

一（口語《こうご》）

天《てん》におられるわたしたちの父《ちち》よ、み名《な》が聖《せい》とされますように。み国《くに》が来《き》ますように。みこころが天《てん》に行《おこな》われるとおり地《ち》にも行《おこな》われますように。

わたしたちの日《ひ》ごとの糧《かて》を今日《きょう》もお与《あた》えください。わたしたちの罪《つみ》をおゆるしください。わたしたちも人《ひと》をゆるします。

わたしたちを誘惑《ゆうわく》におちいらせず、悪《あく》からお救《すく》いください。
アーメン。

二（文語《ぶんご》）

天《てん》にましますわれらの父《ちち》よ、願《ねが》わくはみ名《な》の尊《とうと》まれんことを。み国《くに》の来《き》たらんことを。み旨《むね》の天《てん》に行《おこな》わるるごとく地《ち》にも行《おこな》われんことを。

われらの日用《にちよう》の糧《かて》を今日《こんにち》われらに与《あた》えたまえ。われらが人《ひと》にゆるすごとくわれらの罪《つみ》をゆるしたまえ。われらを試《こころ》みに引《ひ》きたまわざれ、われらを悪《あく》より救《すく》いたまえ。アーメン。

アヴェ・マリアの祈《いの》り

一（口語《こうご》）

アヴェ・マリア、恵《めぐ》みに満《み》ちた方《かた》、主《しゅ》はあなたとともにおられます。あなたは女《おんな》のうちで祝福《しゅくふく》され、ご胎内《たいない》の御子《おんこ》イエスも祝福《しゅくふく》されています。

神《かみ》の母聖《ははせい》マリア、わたしたち罪《つみ》びとのために、今《いま》も、死《し》を迎《むか》える時《とき》も、お祈《いの》りください。アーメン。

二（文語《ぶんご》）

めでたし、聖寵満《せいちょうみ》ち満《み》てるマリア、主御身《しゅおんみ》と共《とも》にまします。

御身《おんみ》は女《おんな》のうちにて祝《しゅく》せられ、ご胎内《たいない》の御子《おんこ》イエスも祝《しゅく》せられたもう。

天主《てんしゅ》の御母《おんはは》聖《せい》マリア、罪《つみ》びとなるわれらのために、今《いま》も臨《りん》終《じゅう》の時《とき》も祈《いの》りたまえ。アーメン。

栄《えい》唱《しょう》

一（口語《こうご》）

栄光《えいこう》は父《ちち》と子《こ》と聖霊《せいれい》に。初《はじ》めのように今《いま》もいつも世々《よよ》に。

アーメン。

二（文語《ぶんご》）
願《ねが》わくは、父《ちち》と子《こ》と聖霊《せいれい》とに栄《さか》えあらんことを。初《はじ》めにありしごとく、今《いま》もいつも代々《よよ》にいたるまで。アーメン。

使徒信条《しとしんじょう》

天地《てんち》の創造主《そうぞうしゅ》、全能《ぜんのう》の父《ちち》である神《かみ》を信《しん》じます。

父《ちち》のひとり子《ご》、わたしたちの主《しゅ》イエス・キリストを信《しん》じます。主《しゅ》は聖霊《せいれい》によってやどり、おとめマリアから生《う》まれ、ポンティオ・ピラトのもとで苦《くる》しみを受《う》け、十字架《じゅうじか》につけられて死《し》に、葬《ほうむ》られ、陰府《よみ》に下《くだ》り、三日目《みっかめ》に死者《ししゃ》のうちから復活《ふっかつ》し、天《てん》に昇《のぼ》って、全能《ぜんのう》の父《ちち》である神《かみ》の右《みぎ》の座《ざ》に着《つ》き、生者《せいしゃ》と死者《ししゃ》を裁《さば》くために来《こ》られます。

聖霊《せいれい》を信《しん》じ、聖《せい》なる普遍《ふへん》の教会《きょうかい》、聖徒《せいと》の交《まじ》わり、罪《つみ》のゆるし、からだの復活《ふっかつ》、永遠《えいえん》のいのちを信《しん》じます。アーメン。

ニケア・コンスタンチノープル信条《しんじょう》

わたしは信《しん》じます。唯一《ゆいいつ》の神《かみ》、全能《ぜんのう》の父《ちち》、天《てん》と地《ち》、見《み》えるもの、見《み》えないもの、すべてのものの造《つく》り主《ぬし》を。

わたしは信《しん》じます。唯一《ゆいいつ》の主《しゅ》イエス・キリストを。主《しゅ》は神《かみ》のひとり子、すべてに先立《さきだ》って父《ちち》より生《う》まれ、神《かみ》よりの神《かみ》、光《ひかり》よりの光《ひかり》、まことの神《かみ》よりのまことの神《かみ》、造《つく》られることなく生《う》まれ、父《ちち》と一体《いったい》。すべては主《しゅ》によって造《つく》られました。主《しゅ》は、わたしたち人類《じんるい》のため、わたしたちの救《すく》いのために天《てん》からくだり、聖霊《せいれい》によって、おとめマリアよりからだを受《う》け、人《ひと》となられました。ポンティオ・ピラトのもとで、わたしたちのために十字架《じゅうじか》につけられ、苦《くる》しみを受《う》け、葬《ほうむ》られ、聖書《せいしょ》にあるとおり三日目《みっかめ》に復活《ふっかつ》し、天《てん》に昇《のぼ》り、父《ちち》の右《みぎ》の座《ざ》に着《つ》いておられます。主《しゅ》は生者《せいしゃ》と死者《ししゃ》を裁《さば》くために栄光《えいこう》のうちに再《ふたた》び来《こ》られます。その国《くに》は終《お》わることがありません。

わたしは信《しん》じます。主《しゅ》であり、いのちの与《あた》え主《ぬし》である聖霊《せいれい》を。聖霊《せいれい》は、父《ちち》と子《こ》から出《で》て、父《ちち》と子《こ》とともに礼拝《れいはい》され、栄《えい》光《こう》を受《う》け、また預言者《よげんしゃ》をとおして語《かた》られました。わたしは、聖《せい》なる、普遍《ふへん》の、使徒的《しとてき》、唯一《ゆいいつ》の教会《きょうかい》を信《しん》じます。罪《つみ》のゆるしをもたらす唯一《ゆいいつ》の洗礼《せんれい》を認《みと》め、死者《ししゃ》の復活《ふっかつ》と来世《らいせ》のいのちを待《ま》ち望《のぞ》みます。アーメン。

洗礼式《せんれいしき》の信仰宣言《しんこうせんげん》

天地《てんち》の創造主《そうぞうしゅ》、全能《ぜんのう》の父《ちち》である神《かみ》を信《しん》じます。

父《ちち》のひとり子《ご》、おとめマリアから生《う》まれ、苦《くる》しみを受《う》けて葬《ほうむ》られ、死者《ししゃ》のうちから復活《ふっかつ》して、父《ちち》の右《みぎ》におられる主《しゅ》イエス・キリストを信《しん》じます。

聖霊《せいれい》を信《しん》じ、聖《せい》なる普遍《ふへん》の教会《きょうかい》、聖徒《せいと》の交《まじ》わり、罪《つみ》のゆるし、からだの復活《ふっかつ》、永遠《えいえん》のいのちを信《しん》じます。

悔《く》い改《あらた》めの祈《いの》り

神《かみ》よ、わたしは罪《つみ》を犯《おか》し、悪《あく》を行《おこな》い、あなたに背《そむ》きました。御子《おんこ》イエス・キリストの救《すく》いの恵《めぐ》みによって、わたしの罪《つみ》を取《と》り去《さ》り、洗《あら》い清《きよ》めてください。救《すく》いの喜《よろこ》びを与《あた》え、あなたのいぶきを送《おく》って、喜《よろこ》び仕《つか》える心《こころ》を支《ささ》えてください。わたしはあなたの道《みち》を歩《あゆ》みます。

神《かみ》のゆるしを願《ねが》う祈《いの》り

いつくしみ深《ふか》い父《ちち》よ、あなたは、御《おん》ひとり子《ご》をお与《あた》えになるほどわたしたちを愛《あい》し、その受難《じゅなん》と死《し》と復活《ふっかつ》によって、あなたのいのちにあずかることができるようにしてくださいました。しかし、わたしは自分《じぶん》中心《ちゅうしん》に生《い》きてあなたの愛《あい》に背《そむ》き、あなたと兄弟《きょうだい》に対《たい》して罪《つみ》を犯《おか》しました。どうか聖霊《せいれい》を豊《ゆた》かに注《そそ》いでわたしの罪《つみ》をゆるし、回心《かいしん》の恵《めぐ》みをお与《あた》えください。これからはキリストに従《したが》って生《い》きる者《もの》となり、真《しん》の愛《あい》を実践《じっせん》することができますように。アーメン。

神《かみ》を信《しん》じる人《ひと》の祈《いの》り

救《すく》いの源《みなもと》である神《かみ》よ、わたしは、永遠《えいえん》の真理《しんり》であるあなたが、主《しゅ》キリストとその教会《きょうかい》を通《とお》して教《おし》えてくださることをすべて信《しん》じます。

神《かみ》に希望《きぼう》をおく人《ひと》の祈《いの》り

恵《めぐ》みの源《みなもと》である神《かみ》よ、わたしは、あなたがイエス・キリストの救《すく》いのみわざによって、約束《やくそく》のとおり永遠《えいえん》のいのちと必《ひつ》要《よう》な助《たす》けをお与《あた》えになることを心《こころ》から希望《きぼう》します。

神《かみ》を愛《あい》する人《ひと》の祈《いの》り

愛《あい》の源《みなもと》である神《かみ》よ、わたしは、心《こころ》を尽《つ》くし、力《ちから》を尽《つ》くして、唯一《ゆいいつ》の神《かみ》であるあなたを愛《あい》します。また、あなたへの愛《あい》によって隣人《りんじん》を自分《じぶん》のように愛《あい》します。

お告《つ》げの祈《いの》り

＊朝・昼・夕に唱える。

主《しゅ》のみ使《つか》いのお告《つ》げを受《う》けて、
マリアは聖霊《せいれい》によって神《かみ》の御子《おんこ》をやどされた。

〔アヴェ・マリアの祈《いの》り〕

アヴェ・マリア、恵《めぐ》みに満《み》ちた方《かた》、主《しゅ》はあなたとともにおられます。あなたは女《おんな》のうちで祝福《しゅくふく》され、ご胎内《たいない》の御子《おんこ》イエスも祝福《しゅくふく》されています。

神《かみ》の母聖《ははせい》マリア、わたしたち罪《つみ》びとのために、今《いま》も、死《し》を迎《むか》える時《とき》も、お祈《いの》りください。アーメン。

わたしは主《しゅ》のはしため、
おことばどおりになりますように。

〔アヴェ・マリアの祈《いの》り〕

みことばは人《ひと》となり、

わたしたちのうちに住《す》まわれた。

〔アヴェ・マリアの祈《いの》り〕

神《かみ》の母聖《ははせい》マリア、わたしたちのために祈《いの》ってください。

キリストの約束《やくそく》にかなうものとなりますように。

祈願《きがん》　神《かみ》よ、み使《つか》いのお告《つ》げによって、御子《おんこ》が人《ひと》となられたことを知《し》ったわたしたちが、キリストの受難《じゅなん》と十字架《じゅうじか》を通《とお》して復活《ふっかつ》の栄光《えいこう》に達《たっ》することができるよう、恵《めぐ》みを注《そそ》いでください。
わたしたちの主《しゅ》イエス・キリストによって。アーメン。

アレルヤの祈《いの》り

＊復活節に唱える。

神《かみ》の母聖《ははせい》マリア、お喜《よろこ》びください。アレルヤ。
あなたにやどられた方《かた》は。アレルヤ。
おことばどおりに復活《ふっかつ》されました。アレルヤ。
わたしたちのためにお祈《いの》りください。アレルヤ。
聖《せい》マリア、お喜《よろこ》びください。アレルヤ。

主《しゅ》はまことに復活《ふっかつ》されました。アレルヤ。

祈願《きがん》　神《かみ》よ、あなたは御子《おんこ》キリストの復活《ふっかつ》によって、世界《せかい》に喜《よろこ》びをお与《あた》えになりました。キリストの母《はは》、聖《せい》マリアにならい、わたしたちも永遠《えいえん》のいのちの喜《よろこ》びを得《え》ることができますように。

わたしたちの主《しゅ》イエス・キリストによって。アーメン。

食前《しょくぜん》の祈《いの》り

＊食事を「朝食、昼食、夕食、おやつ」と言い換えることができる。

父《ちち》よ、あなたのいつくしみに感謝《かんしゃ》してこの食事《しょくじ》をいただきます。ここに用意《ようい》されたものを祝福《しゅくふく》し、わたしたちの心《こころ》と体《からだ》を支《ささ》える糧《かて》としてください。
わたしたちの主《しゅ》イエス・キリストによって。アーメン。

食後《しょくご》の祈《いの》り

父《ちち》よ、感謝《かんしゃ》のうちにこの食事《しょくじ》を終《お》わります。あなたのいつくしみを忘《わす》れず、すべての人《ひと》の幸《しあわ》せを祈《いの》りながら。

わたしたちの主《しゅ》イエス・キリストによって。アーメン。

初《はじ》めの祈《いの》り

＊集いは「仕事」など、適当な言葉に言い換えることができる。

すべてを造《つく》り、治《おさ》められる神《かみ》よ、いつくしみ深《ふか》いみ手《て》のなかで始《はじ》めるこの集《つど》いを祝福《しゅくふく》し、み旨《むね》を行《おこな》うことができるよう、わたしたちに知恵《ちえ》と勇気《ゆうき》を授《さず》け、導《みちび》いてください。わたしたちの主《しゅ》イエス・キリストによって。アーメン。

終《お》わりの祈《いの》り

恵《めぐ》みの源《みなもと》である神《かみ》よ、感謝《かんしゃ》と賛美《さんび》のうちにこの集《つど》いを終《お》わります。わたしたちの働《はたら》きの実《みの》りが、神《かみ》の国《くに》に役立《やくだ》つものとなりますように。
わたしたちの主《しゅ》イエス・キリストによって。アーメン。

目覚《めざ》めた時《とき》の祈《いの》り

天《てん》の父《ちち》よ、一日《いちにち》の初《はじ》めにあなたをたたえ、今日《きょう》のすべてをささげます。あなたのいつくしみのうちに生《い》きることができますように。アーメン。

朝《あさ》の祈《いの》り 一

先唱《せんしょう》　神《かみ》よ、わたしの口《くち》を開《ひら》いてください。
一同《いちどう》　わたしはあなたに賛美《さんび》をささげます。

詩《し》編《へん》67

神《かみ》がわたしたちを憐《あわれ》み、わたしたちを祝福《しゅくふく》し、み顔《かお》をわたしたちの上《うえ》に輝《かがや》かせてくださいますように。

そうすれば、あなたの道《みち》は地上《ちじょう》で知《し》られ、あなたの救《すく》いはすべての国《くに》で知《し》られます。

神《かみ》よ、諸国《しょこく》の民《たみ》があなたをほめたたえ、すべての民《たみ》があなたをたたえますように。

諸国《しょこく》の民《たみ》が楽《たの》しみ、喜《よろこ》び歌《うた》いますように。
あなたは正義《せいぎ》をもって世《よ》を治《おさ》め、
公平《こうへい》をもって諸国《しょこく》の民《たみ》を裁《さば》き、
地上《ちじょう》の諸国《しょこく》の民《たみ》を導《みちび》かれます。
神《かみ》よ、諸国《しょこく》の民《たみ》があなたをほめたたえ、
すべての民《たみ》があなたをたたえますように。
大地《だいち》が実《みの》りを生《しょう》じ
神《かみ》、わたしたちの神《かみ》がわたしたちを祝福《しゅくふく》されますように。

神《かみ》がわたしたちを祝福《しゅくふく》されますように。
地《ち》の果《は》てに至《いた》るすべてのものが神《かみ》を畏《おそ》れますように。
栄光《えいこう》は父《ちち》と子《こ》と聖霊《せいれい》に。
初《はじ》めのように今《いま》もいつも代々《よよ》に。アーメン。

神《かみ》の言葉《ことば》

＊「神の言葉」は、その日のミサの福音、または次の中から一つを選ぶ。

ローマの人々《ひとびと》への手紙《てがみ》13・8―10

互《たが》いに愛《あい》し合《あ》うことのほかに、誰《だれ》に対《たい》しても負《お》い目《め》があってはなりません。他人《たにん》を愛《あい》する者《もの》は、律法《りっぽう》を完全《かんぜん》に果《は》たしているのです。「姦淫《かんいん》してはならない。殺《ころ》してはならない。盗《ぬす》んではならない。貪《むさぼ》ってはならない」など、また、ほかに何《なに》か掟《おきて》があっても、それは、「隣人《りんじん》を自分《じぶん》のように愛《あい》しなさい」という言葉《ことば》に要約《ようやく》されます。愛《あい》は隣人《りんじん》に悪《あく》を行《おこな》いません。したがって、愛《あい》は律法《りっぽう》を完全《かんぜん》に果《は》たすものです。

コリントの人々《ひとびと》への第一《だいいち》の手紙《てがみ》13・4―8

愛《あい》は寛容《かんよう》なもの、
慈悲深《じひぶか》いものは愛《あい》。
愛《あい》は、妬《ねた》まず、高《たか》ぶらず、誇《ほこ》らない。
見苦《みぐる》しい振《ふ》る舞《ま》いをせず、
自分《じぶん》の利益《りえき》を求《もと》めず、怒《おこ》らず、
人《ひと》の悪事《あくじ》を数《かぞ》え立《た》てない。

不正《ふせい》を喜《よろこ》ばないが、
人《ひと》とともに真理《しんり》を喜《よろこ》ぶ。
すべてをこらえ、すべてを信《しん》じ、
すべてを望《のぞ》み、すべてを耐《た》え忍《しの》ぶ。
愛《あい》は、決《けっ》して滅《ほろ》び去《さ》ることはない。

ヨハネの第一《だいいち》の手紙《てがみ》3・16—18

わたしたちが愛《あい》を悟《さと》ったのは、イエスがわたしたちのために命《いのち》を捨《す》ててくださったからです。それ故《ゆえ》、わたしたちも兄弟《きょうだい》のために、命《いのち》を捨《す》てなければなりません。世《よ》の富《とみ》をもっていながら、困《こま》っている兄弟《きょうだい》を見《み》ても、憐《あわ》れみの心《こころ》を閉《と》ざす人《ひと》のうちに、どうして神《かみ》の愛《あい》が留《とど》まりましょう。子《こ》たちよ、言葉《ことば》や口先《くちさき》によってだけでなく、行《おこな》いと真実《しんじつ》をもって愛《あい》し合《あ》いましょう。

答唱《とうしょう》

先唱《せんしょう》　神《かみ》よ、朝《あさ》ごとにあなたのいつくしみを現《あらわ》し、

一同《いちどう》　行《ゆ》くべき道《みち》を示《しめ》してください。

先唱《せんしょう》　心《こころ》を込《こ》めてあなたを仰《あお》ぐ者《もの》の上《うえ》に、

一同《いちどう》　行《ゆ》くべき道《みち》を示《しめ》してください。

先唱《せんしょう》　栄光《えいこう》は父《ちち》と子《こ》と聖霊《せいれい》に

一同《いちどう》　神《かみ》よ、朝《あさ》ごとにあなたのいつくしみを現《あらわ》し、

行《ゆ》くべき道《みち》を示《しめ》してください。

共同祈願《きょうどうきがん》（例文《れいぶん》）

先唱《せんしょう》　洗礼《せんれい》によってわたしたちはキリストに従《したが》う者《もの》となりました。キリストと共《とも》に父《ちち》である神《かみ》をたたえ、この一日《いちにち》をささげて祈《いの》りましょう。

先唱《せんしょう》　新《あたら》しい朝《あさ》を迎《むか》え、主《しゅ》キリストと共《とも》に祈《いの》ります。世界《せかい》に真《しん》の平和《へいわ》が与《あた》えられ、すべての人《ひと》が兄弟《きょうだい》として生《い》きることができますように。

一同《いちどう》　神《かみ》よ、わたしたちの祈《いの》りを聞《き》き入《い》れてください。

先唱《せんしょう》　今日《きょう》一日《いちにち》の仕事《しごと》を通《とお》してあなたを賛美《さんび》することができ

る よう、聖霊《せいれい》によって導《みちび》いてください。
一同《いちどう》　神《かみ》よ、わたしたちの祈《いの》りを聞《き》き入《い》れてください。
先唱《せんしょう》　病気《びょうき》の人《ひと》、困難《こんなん》の中《なか》にある人《ひと》をあなたの恵《めぐ》みで強《つよ》め、
忍耐《にんたい》と希望《きぼう》をお与《あた》えください。
一同《いちどう》　神《かみ》よ、わたしたちの祈《いの》りを聞《き》き入《い》れてください。
先唱《せんしょう》　今日一日《きょういちにち》、人《ひと》の心《こころ》を傷《きず》つけることなく、出会《であ》う人《ひと》びと
に信仰《しんこう》の喜《よろこ》びを伝《つた》えることができますように。
一同《いちどう》　神《かみ》よ、わたしたちの祈《いの》りを聞《き》き入《い》れてください。

主《しゅ》の祈《いの》り

先唱《せんしょう》　主《しゅ》イエス・キリストが教《おし》えてくださった主《しゅ》の祈《いの》りを唱《とな》

えましょう。

一同《いちどう》　天《てん》におられるわたしたちの父《ちち》よ、み名《な》が聖《せい》とされますように。み国《くに》が来《き》ますように。みこころが天《てん》に行《おこな》われるとおり地《ち》にも行《おこな》われますように。わたしたちの日《ひ》ごとの糧《かて》を今日《きょう》もお与《あた》えください。わたしたちの罪《つみ》をおゆるしください。わたしたちも人《ひと》をゆるします。わたしたちを誘惑《ゆうわく》におちいらせず、悪《あく》からお救《すく》いください。

結《むす》びの祈《いの》り

先唱《せんしょう》　万物《ばんぶつ》の造《つく》り主《ぬし》である神《かみ》よ、わたしたちの行《おこな》いを導《みちび》き、あなたの恵《めぐ》みで今日一日《きょういちにち》を支《ささ》えてください。すべてのわざがあなたのうちに始《はじ》まり、あなたによって実《み》を結《むす》びますように。わたしたちの主《しゅ》イエス・キリストによって。

一同《いちどう》　アーメン。

先唱《せんしょう》　全能《ぜんのう》の神《かみ》、父《ちち》と子《こ》と聖霊《せいれい》がわたしたちを祝福《しゅくふく》し、守《まも》ってくださいますように。

一同《いちどう》　アーメン。

朝《あさ》の祈《いの》り　二

父《ちち》と子《こ》と聖霊《せいれい》のみ名《な》によって。アーメン。

神《かみ》を礼拝《れいはい》する

三位一体《さんみいったい》の神《かみ》よ、今《いま》、わたしたちは、あなたがここにおられることを信《しん》じ、慎《つつし》んで礼拝《れいはい》し、心《こころ》から賛美《さんび》いたします。

感謝《かんしゃ》をささげる

恵《めぐ》みの与《あた》え主《ぬし》である神《かみ》よ、わたしたちにいのちを与《あた》え、救《すく》いに導《みちび》き、今日《きょう》までお守《まも》りくださったことを心《こころ》から感謝《かんしゃ》いたします。あなたの愛《あい》に応《こた》え、すべての人《ひと》、とくに苦《くる》しみのうちにある兄弟《きょうだい》姉妹《しまい》と共《とも》に、今日一日《きょういちにち》のすべてをおささげいたします。このささげものが神《かみ》の国《くに》の完成《かんせい》に役立《やくだ》つものとなりますように。

恵《めぐ》みのうちに生《い》きる

いつくしみ深《ふか》い神《かみ》よ、あなたは、「互《たが》いに愛《あい》し合《あ》いなさい」と教《おし》え、歩《あゆ》むべき道《みち》をお示《しめ》しになりました。わたしたちが今日一日《きょういちにち》、愛《あい》のわざに励《はげ》み、すべてにおいてみ旨《むね》を受《う》けとめ、恵《めぐ》みのうちに成長《せいちょう》することができるよう導《みちび》いてください。

神《かみ》の愛《あい》を証《あか》しする

愛《あい》である神《かみ》よ、あなたは、福音宣教《ふくいんせんきょう》のためにわたしたちを遣《つか》わされました。わたしたちがあなたの愛《あい》を告《つ》げ知《し》らせることができますように。とくに、苦《くる》しみのうちにある人《ひと》に兄弟姉妹《きょうだいしまい》として近《ちか》づき、その苦《くる》しみを分《わ》かち合《あ》うことによって、共《とも》にあなたの愛《あい》の証《あか》しとなりますように。

神《かみ》の保護《ほご》を願《ねが》う

すべてを見通《みとお》される神《かみ》よ、今日《きょう》出合《であ》う出来事《できごと》の中《なか》で、あなたから遣《つか》わされた者《もの》としてふさわしく振《ふ》る舞《ま》い、与《あた》えられた使命《しめい》を果《は》たすことができるよう、あらゆる危険《きけん》からわたしたちをお守《まも》りください。

〔主《しゅ》の祈《いの》り〕（15ページ）
〔アヴェ・マリアの祈《いの》り〕（17ページ）
〔栄《えい》　唱《しょう》〕（18ページ）

〔使徒信条《しとしんじょう》〕（19ページ）
〔神《かみ》を信《しん》じる人《ひと》の祈《いの》り〕（25ページ）
〔神《かみ》に希望《きぼう》をおく人《ひと》の祈《いの》り〕（25ページ）
〔神《かみ》を愛《あい》する人《ひと》の祈《いの》り〕（26ページ）

結《むす》びの祈《いの》り

愛《あい》の源《みなもと》である神《かみ》よ、わたしたちはあなたを心《こころ》から慕《した》います。今日一日《きょういちにち》、いのちあふれるあなたの泉《いずみ》でわたしたちをうるおし、新《あら》たにしてください。出会《であ》う人《ひと》びとと真《しん》の喜《よろこ》びを分《わ》かち合《あ》うことができますように。

わたしたちの主《しゅ》イエス・キリストによって。アーメン。

全能《ぜんのう》の神《かみ》、父《ちち》と子《こ》と聖霊《せいれい》がわたしたちを祝福《しゅくふく》し、守《まも》ってくださいますように。アーメン。

昼《ひる》の祈《いの》り

＊四旬節には「アレルヤ」を省く。

先唱《せんしょう》　神《かみ》よ、わたしを力《ちから》づけ、
一同《いちどう》　急《いそ》いで助《たす》けに来《き》てください。
先唱《せんしょう》　栄光《えいこう》は父《ちち》と子《こ》と聖霊《せいれい》に。
一同《いちどう》　初《はじ》めのように今《いま》もいつも代々《よよ》に。アーメン。アレルヤ。

詩編《しへん》19

主《しゅ》の教《おし》えは完全《かんぜん》で、魂《たましい》を生《い》き返《かえ》らせ、
主《しゅ》の諭《さと》しは変《か》わらず、わたしの精神《せいしん》に知恵《ちえ》を与《あた》える。
主《しゅ》の定《さだ》めは正《ただ》しく、わたしの心《こころ》を喜《よろこ》ばせ、
主《しゅ》の戒《いまし》めは清《きよ》く、わたしの目《め》を輝《かがや》かせる。
主《しゅ》の仰《おお》せは混《ま》じり気《け》なく、いつまでも続《つづ》き、
主《しゅ》の裁《さば》きは真実《しんじつ》で、すべて正《ただ》しい。
金《きん》よりも、多《おお》くの純金《じゅんきん》よりも望《のぞ》ましく、
蜜《みつ》よりも、蜂《はち》の巣《す》の滴《したた》りよりも甘《あま》い。

まことに、あなたの僕《しもべ》はこれによって教《おし》えられ、
これを守《まも》れば大《おお》きな報《むく》いがある。

誰《だれ》が自分《じぶん》の過《あやま》ちを悟《さと》ることができようか。
隠《かく》れた罪《つみ》から、わたしを清《きよ》めてください。
また、あなたの僕《しもべ》を引《ひ》き留《と》めて、
高《たか》ぶるものらへ走《はし》らないようにし、
彼《かれ》らがわたしを支配《しはい》しないようにしてください。
そうすれば、わたしは汚《けが》れることなく、
大《おお》きな咎《とが》を免《まぬが》れることができます。
わたしの口《くち》の言葉《ことば》があなたの望《のぞ》みにかない、
わたしの心《こころ》の思《おも》いがみ旨《むね》にかないますように。
わたしの岩《いわ》、わたしの贖《あがな》い主《ぬし》である主《しゅ》よ。
栄光《えいこう》は父《ちち》と子《こ》と聖霊《せいれい》に。

初《はじ》めのように今《いま》もいつも代々《よよ》に。アーメン。

神《かみ》のみ言葉《ことば》

ヨハネの第一《だいいち》の手紙《てがみ》4・15―16

誰《だれ》であれイエスが神《かみ》の子《こ》であると告白《こくはく》する人《ひと》のうちに、神《かみ》が留《とど》まっておられ、また、その人《ひと》も神《かみ》のうちに留《とど》まっているのです。わたしたちは、わたしたちに対《たい》する神《かみ》の愛《あい》を知《し》っており、また、信《しん》じているのです。

神《かみ》は愛《あい》です。愛《あい》のうちに留《とど》まる人《ひと》は、神《かみ》のうちに留《とど》まり、神《かみ》もまた、その人《ひと》のうちに留《とど》まっておられます。

先唱《せんしょう》　神《かみ》よ、あなたの定《さだ》めに心《こころ》を傾《かたむ》けるようにしてください。
一同《いちどう》　むなしいことに目《め》を注《そそ》がないように導《みちび》いてください。

結《むす》びの祈《いの》り

先唱《せんしょう》　聖《せい》なる父《ちち》よ、あなたは、わたしたちが互《たが》いに協力《きょうりょく》し、絶《た》えず進歩《しんぽ》することをお望《のぞ》みになります。あなたの子《こ》供《ども》として生《い》き、すべての人《ひと》にあなたの愛《あい》を証《あか》しすることができますように。
わたしたちの主《しゅ》イエス・キリストによって。
一同《いちどう》　アーメン。

晩《ばん》の祈《いの》り 一

＊四旬節には「アレルヤ」を省く。

先唱《せんしょう》　神《かみ》よ、わたしを力《ちから》づけ、
一同《いちどう》　急《いそ》いで助《たす》けに来《き》てください。
先唱《せんしょう》　栄光《えいこう》は父《ちち》と子《こ》と聖霊《せいれい》に。
一同《いちどう》　初《はじ》めのように今《いま》もいつも代々《よよ》に。アーメン。アレルヤ。

詩《し》編《へん》138

わたしは心《こころ》を尽《つ》くしてあなたに感謝《かんしゃ》し、
み使《つか》いたちの前《まえ》であなたをほめ歌《うた》う。
わたしは聖《せい》なる神殿《しんでん》に向《む》かってひれ伏《ふ》し、

慈《いつく》しみとまことの故《ゆえ》に、あなたの名《な》に感謝《かんしゃ》します。
まことに、あなたはみ言葉《ことば》によって、
あなたの名《な》をすべてに勝《まさ》るものとされました。
わたしがあなたに呼《よ》び求《もと》めたとき、あなたは答《こた》え、
わたしの魂《たましい》の力《ちから》を強《つよ》くしてくださいました。
主《しゅ》よ、地上《ちじょう》の王《おう》はみなあなたに感謝《かんしゃ》します。
彼《かれ》らはあなたの言葉《ことば》を耳《みみ》にしました。
彼《かれ》らは主《しゅ》の権威《けんい》について歌《うた》います。
「主《しゅ》の栄光《えいこう》は偉大《いだい》」。
主《しゅ》は高《たか》くいますが、低《ひく》い者《もの》を顧《かえり》みられ、
高《たか》ぶる者《もの》には近《ちか》づかれない。

わたしが苦難《くなん》の中《なか》を歩《ある》いても、
あなたはわたしの命《いのち》を守《まも》ってくださる。
あなたは手《て》を伸《の》ばして、わたしに仇《あだ》する者《もの》の怒《いか》りを防《ふせ》ぎ、
あなたの右手《みぎて》はわたしを救《すく》ってくださる。
主《しゅ》はわたしのためにすべてを成《な》し遂《と》げてくださる。
主《しゅ》よ、あなたの慈《いつく》しみは永遠《えいえん》。
あなたの手《て》の業《わざ》を見捨《みす》てないでください。
栄光《えいこう》は父《ちち》と子《こ》と聖霊《せいれい》に。
初《はじ》めのように今《いま》もいつも代々《よよ》に。アーメン。

神《かみ》のみ言葉《ことば》

ペトロの第一《だいいち》の手紙《てがみ》1・3―5

わたしたちの主《しゅ》イエス・キリストの神《かみ》であり父《ちち》である方《かた》が、たたえられますように。神《かみ》は豊《ゆた》かな憐《あわ》れみをもって、わたしたちを新《あら》たに生《う》まれさせ、イエス・キリストの死者《ししゃ》の中《なか》からの復活《ふっかつ》によって生《い》き生《い》きとした希望《きぼう》をもたせ、朽《く》ちることも、汚《けが》れることも、しぼむこともない遺産《いさん》を受《う》け継《つ》ぐ者《もの》としてくださいました。この遺産《いさん》は、あなた方《がた》のために、天《てん》に蓄《たくわ》えられています。あなた方《がた》は、終《お》わりの時《とき》に現《あらわ》される、準備《じゅんび》された救《すく》いにあずかるために、信仰《しんこう》によって神《かみ》の力《ちから》に守《まも》られています。

＊次の中から一つを選ぶ。

ヨハネの第一《だいいち》の手紙《てがみ》2・3—6

もしわたしたちが神《かみ》の掟《おきて》を守《まも》るなら、そのことにおいて、わたしたちは神《かみ》を知《し》っていることが分《わ》かります。神《かみ》を知《し》っていると言《い》いながら、その掟《おきて》を守《まも》らない人《ひと》は、偽《いつわ》り者《もの》であり、その人《ひと》の中《なか》に真理《しんり》はありません。しかし、神《かみ》の言葉《ことば》を守《まも》る人《ひと》は、その人《ひと》のうちにほんとうに神《かみ》の愛《あい》が全《まっと》うされています。

そのことにおいて、わたしたちは神《かみ》のうちにいることが分《わ》かります。神《かみ》のうちに留《とど》まっていると言《い》う人《ひと》は、イエスが歩《あゆ》まれたように、その人《ひと》も歩《あゆ》まなければなりません。

コリントの人々《ひとびと》への第一《だいいち》の手紙《てがみ》1・26—29

兄弟《きょうだい》たち、あなた方《がた》が召《め》された当時《とうじ》のことを考《かんが》えてみてください。人間的《にんげんてき》な見方《みかた》をすれば知恵《ちえ》ある者《もの》は多《おお》くなく、力《ちから》のある者《もの》も、身分《みぶん》の高《たか》い者《もの》も、多《おお》くはありません。しかし、神《かみ》は知恵《ちえ》のある者《もの》を恥《は》じ入《い》らせるために、この世《よ》で愚《おろ》かとみなされているものを選《えら》び出《だ》し、また、神《かみ》は強《つよ》いものを恥《は》じ入《い》らせるために、この世《よ》で弱《よわ》いとみなされているものを選《えら》び出《だ》されました。神《かみ》は、この世《よ》で取《と》るに足《た》らないもの、軽《かろ》んじられているもの、つまり、無《む》に等《ひと》しいものを選《えら》び出《だ》されました。それは、何《なん》らかの場《ば》を得《え》ているものを、無力《むりょく》なものにするためでした。これは、いかなる人間《にんげん》も神《かみ》の前《まえ》で誇《ほこ》ることのないようにするためでした。

答唱《とうしょう》

先唱《せんしょう》　神《かみ》よ、あなたのはからいはわたしにとっていかに尊《とうと》いことか。

一同《いちどう》　そのすべてを知《し》ることはできない。

先唱《せんしょう》　神《かみ》よ、あなたのはからいはいかに数多《かずおお》いことか。

一同《いちどう》　そのすべてを知《し》ることはできない。

先唱《せんしょう》　栄光《えいこう》は父《ちち》と子《こ》と聖霊《せいれい》に。

一同《いちどう》　神《かみ》よ、あなたのはからいはわたしにとっていかに尊《とうと》いことか。

神《かみ》よ、それはいかに数多《かずおお》いことか。

福音《ふくいん》の歌《うた》

わたしは神《かみ》をあがめ、
わたしの心《こころ》は神《かみ》の救《すく》いに喜《よろこ》び踊《おど》る。
神《かみ》は卑《いや》しいはしためを顧《かえり》みられ、
いつの代《よ》の人《ひと》もわたしを幸《しあわ》せな者《もの》と呼《よ》ぶ。
神《かみ》はわたしに偉大《いだい》なわざを行《おこな》われた。
その名《な》は尊《とうと》く、
　あわれみは代々《よよ》、神《かみ》を畏《おそ》れ敬《うやま》う人《ひと》の上《うえ》に。
神《かみ》はその力《ちから》を現《あらわ》し、

思《おも》いあがる者《もの》を打《う》ち砕《くだ》き、
権力《けんりょく》を振《ふ》るう者《もの》をその座《ざ》から下《お》ろし、
見捨《みす》てられた人《ひと》を高《たか》められる。
飢《う》えに苦《くる》しむ人《ひと》は良《よ》いもので満《み》たされ、
おごり暮《く》らす者《もの》はむなしくなって帰《かえ》る。

神《かみ》はいつくしみを忘《わす》れることなく、
僕《しもべ》イスラエルを助《たす》けられた。
わたしたちの祖先《そせん》、
アブラハムとその子孫《しそん》に約束《やくそく》されたように。
栄光《えいこう》は父《ちち》と子《こ》と聖霊《せいれい》に。

初《はじ》めのように今《いま》もいつも代々《よよ》に。アーメン。

共同祈願《きょうどうきがん》（例文《れいぶん》）

先唱《せんしょう》　父《ちち》のもとで、いつもわたしたちのためにとりなしてくださるキリストの祈《いの》りに心《こころ》を合《あ》わせて、わたしたちの願《ねが》いをささげましょう。

先唱《せんしょう》　キリストのうちにわたしたちを選《えら》ばれた神《かみ》よ、全世界《ぜんせかい》の人《ひと》びとのためにささげるこの夕《ゆう》べの祈《いの》りを受《う》け入《い》れてください。陰《かげ》ることのないキリストの光《ひかり》に照《て》らされて、すべての人《ひと》があなたのもとに導《みちび》かれますように。

一同《いちどう》　神《かみ》よ、わたしたちの祈《いの》りを聞《き》き入《い》れてください。

先唱《せんしょう》　すべての家族《かぞく》に平和《へいわ》をお与《あた》えください。親子兄弟《おやこきょうだい》が、真《しん》の愛《あい》と理解《りかい》によって、強《つよ》く結《むす》ばれますように。

一同《いちどう》　神《かみ》よ、わたしたちの祈《いの》りを聞《き》き入《い》れてください。

先唱《せんしょう》　亡《な》くなった人《ひと》びとが、キリストの復活《ふっかつ》の喜《よろこ》びにあずかり、永遠《えいえん》のいのちに生《い》きることができますように。

一同《いちどう》　神《かみ》よ、わたしたちの祈《いの》りを聞《き》き入《い》れてください。

主《しゅ》の祈《いの》り

先唱《せんしょう》　神《かみ》の国《くに》を待《ま》ち望《のぞ》みながら、主《しゅ》が教《おし》えてくださった祈《いの》りを唱《とな》えましょう。

一同《いちどう》　天《てん》におられるわたしたちの父《ちち》よ、み名《な》が聖《せい》とされますように。み国《くに》が来《き》ますように。みこころが天《てん》に行《おこな》われるとおり地《ち》にも行《おこな》われますように。わたしたちの日《ひ》ごとの糧《かて》を今日《きょう》もお与《あた》えください。わたしたちの罪《つみ》をおゆるしください。わたしたちも人《ひと》をゆるします。わたしたちを誘惑《ゆうわく》におちいらせず、悪《あく》からお救《すく》いください。

結《むす》びの祈《いの》り

先唱《せんしょう》　信《しん》じる者《もの》の力《ちから》である神《かみ》よ、限《かぎ》りないいつくしみをもって、今日《きょう》もわたしたちをお守《まも》りくださったことを感謝《かんしゃ》いたします。あなたの恵《めぐ》みを唯一《ゆいいつ》の希望《きぼう》とするこの家《か》族《ぞく》が、いつもあなたの力《ちから》によって強《つよ》められますように。

わたしたちの主《しゅ》イエス・キリストによって。

一同《いちどう》　アーメン。

先唱《せんしょう》　全能《ぜんのう》の神《かみ》、父《ちち》と子《こ》と聖霊《せいれい》がわたしたちを祝福《しゅくふく》し、守《まも》ってくださいますように。

一同《いちどう》　アーメン。

晩《ばん》の祈《いの》り　二

父《ちち》と子《こ》と聖霊《せいれい》のみ名《な》によって。アーメン。

神《かみ》を礼拝《れいはい》する

いつくしみ深《ふか》い神《かみ》よ、永遠《えいえん》の真理《しんり》であるあなたは、いつくしみ深《ふか》く、限《かぎ》りなく愛《あい》すべきお方《かた》、宇宙万物《うちゅうばんぶつ》を造《つく》り、支配《しはい》しておられます。心《こころ》からの信頼《しんらい》と愛《あい》をもって、慎《つつし》んで礼拝《れいはい》いたします。

感謝《かんしゃ》をささげる

恵《めぐ》み深《ぶか》い神《かみ》よ、あなたは永遠《えいえん》よりわたしたちを愛《あい》し、無《む》から造《つく》り、御子《おんこ》の尊《とうと》い血《ち》をもって救《すく》いをもたらし、日々《ひび》数々《かずかず》の恵《めぐ》みをお与《あた》えになります。今日《きょう》も一日《いちにち》、あなたの恵《めぐ》みによって無事《ぶじ》に過《す》ごすことができました。心《こころ》より感謝《かんしゃ》いたします。

聖霊《せいれい》の照《て》らしを願《ねが》う

永遠《えいえん》の光《ひかり》である聖霊《せいれい》よ、わたしたちの心《こころ》を照《て》らし、あなたの愛《あい》に背《そむ》いて今日《きょう》犯《おか》した罪《つみ》に気《き》づかせてください。すべての罪《つみ》がゆるされ、これから悪《あく》と戦《たたか》い、罪《つみ》を避《さ》ける恵《めぐ》みが与《あた》えられますように。

〔良心《りょうしん》の糾明《きゅうめい》〕（聖霊《せいれい》の照《て》らしを願《ねが》い、一日《いちにち》を反省《はんせい》する。）

〔悔《く》い改《あらた》めの祈《いの》り、または、神《かみ》のゆるしを願《ねが》う祈《いの》り〕

（23、24ページ）

〔主《しゅ》の祈《いの》り〕（15ページ）

〔アヴェ・マリアの祈《いの》り〕（17ページ）

〔使徒信条《しとしんじょう》〕（19ページ）

〔栄《えい》唱《しょう》〕（18ページ）

神《かみ》の保護《ほご》に身《み》を委《ゆだ》ねる

神《かみ》よ、わたしたちは、いっそうよくあなたに仕《つか》えることができるよう、ご保護《ほご》に身《み》を委《ゆだ》ねてしばらく休《やす》み、力《ちから》を補《おぎな》います。どうか今晩《こんばん》の眠《ねむ》りを祝福《しゅくふく》し、この住《す》まいにみ使《つか》いを送《おく》ってわたしたちをお守《まも》りください。また、わたしたちの親族《しんぞく》、恩人《おんじん》、友人《ゆうじん》を守《まも》り、奉仕《ほうし》に生《い》きる人《ひと》びとを励《はげ》まし、病《やまい》の床《とこ》にある人《ひと》、苦《くる》しみのうちにある人《ひと》を力《ちから》づけ、亡《な》くなった人《ひと》びとに終《お》わることのない幸《しあわ》せをお与《あた》えください。

結《むす》びの祈《いの》り

永遠《えいえん》の父《ちち》よ、神《かみ》の国《くに》の実現《じつげん》を待《ま》ち望《のぞ》むわたしたちに、あなたの教《おし》えを守《まも》る力《ちから》をお与《あた》えください。移《うつ》り変《か》わる世界《せかい》の中《なか》にあって、わたしたちの心《こころ》が、いつも真《しん》の喜《よろこ》びを求《もと》めますように。

わたしたちの主《しゅ》イエス・キリストによって。アーメン。

全能《ぜんのう》の神《かみ》、父《ちち》と子《こ》と聖霊《せいれい》がわたしたちを祝福《しゅくふく》し、守《まも》ってくださいますように。アーメン。

晩《ばん》の祈《いの》り 三

＊寝る前の祈りであること。「アレルヤ」は四旬節には省く。

先唱《せんしょう》　神《かみ》よ、わたしを力《ちから》づけ、
一同《いちどう》　急《いそ》いで助《たす》けに来《き》てください。
先唱《せんしょう》　栄光《えいこう》は父《ちち》と子《こ》と聖霊《せいれい》に。
初《はじ》めのように今《いま》もいつも代々《よよ》に。アーメン。アレルヤ。

〔良心《りょうしん》の糾明《きゅうめい》〕（静《しず》かに一日《いちにち》を反省《はんせい》する。）

回心《かいしん》の祈《いの》り

先唱《せんしょう》　全能《ぜんのう》の神《かみ》と、

一同《いちどう》　兄弟姉妹《きょうだいしまい》の皆《みな》さんに告白《こくはく》します。わたしは、思《おも》い、ことば、行《おこな》い、怠《おこた》りによってたびたび罪《つみ》を犯《おか》しました。聖母《せいぼ》マリア、すべての天使《てんし》と聖人《せいじん》、そして兄弟姉妹《きょうだいしまい》の皆《みな》さん、罪深《つみふか》いわたしのために神《かみ》に祈《いの》ってください。

先唱《せんしょう》　全能《ぜんのう》の神《かみ》、いつくしみ深《ふか》い父《ちち》がわたしたちの罪《つみ》をゆるし、永遠《えいえん》のいのちに導《みちび》いてくださいますように。

一同《いちどう》　アーメン。

詩《し》編《へん》4

わたしの正《ただ》しさを証《あか》ししてくださる神《かみ》よ、
叫《さけ》びに答《こた》えてください。

悩《なや》みの時《とき》、広々《ひろびろ》とした所《ところ》に連《つ》れ出《だ》し、
わたしを顧《かえり》み、祈《いの》りを聞《き》いてください。
位《くらい》の高《たか》い人々《ひとびと》よ、
いつまで栄《は》えある方《かた》を侮《あなど》り、
むなしいことを好《この》み、まがい物《もの》を求《もと》めるのか。
しかし、知《し》るがよい。
主《しゅ》が忠実《ちゅうじつ》な者《もの》のために不思議《ふしぎ》を行《おこな》われることを。
主《しゅ》はわたしが呼《よ》び求《もと》めるとき、耳《みみ》を傾《かたむ》けてくださる。
思《おも》い煩《わずら》うあまり罪《つみ》を犯《おか》すな。
わが身《み》を省《かえり》み、床《とこ》の上《うえ》で泣《な》き、
正《ただ》しい犠牲《いけにえ》をささげ、主《しゅ》に寄《よ》り頼《たの》め。

多《おお》くの人《ひと》は言《い》う、
「誰《だれ》がわたしたちに幸《しあわ》せを見《み》せてくれるのか」。
主《しゅ》よ、あなたの顔《かお》の光《ひかり》を
わたしたちの上《うえ》に照《て》らしてください。
あなたはわたしの心《こころ》に喜《よろこ》びを与《あた》えてくださいました。
彼《かれ》らの小麦《こむぎ》とぶどう酒《しゅ》が豊《ゆた》かだった時《とき》にも勝《まさ》って。
わたしはみ前《まえ》で安《やす》らかに床《とこ》に就《つ》き眠《ねむ》ります。
主《しゅ》よ、あなただけが、
わたしを安《やす》らかに眠《ねむ》らせてくださいます。
栄光《えいこう》は父《ちち》と子《こ》と聖霊《せいれい》に。
初《はじ》めのように今《いま》もいつも代々《よよ》に。アーメン。

神《かみ》の言葉《ことば》

申命記《しんめいき》6・4―7

イスラエルよ、聞《き》け。わたしたちの神《かみ》、主《しゅ》こそ、唯一《ゆいいつ》の主《しゅ》である。心《こころ》を尽《つ》くし、精神《せいしん》を尽《つ》くし、力《ちから》を尽《つ》くして、あなたたちの神《かみ》、主《しゅ》を愛《あい》しなさい。子供《こども》たちにそれらを繰《く》り返《かえ》し教《おし》え、あなたが家《いえ》に座《すわ》っている時《とき》も道《みち》を歩《ある》く時《とき》も、寝《ね》ている時《とき》も起《お》きている時《とき》も、この言葉《ことば》を語《かた》り聞《き》かせなさい。

答《とう》唱《しょう》

先唱《せんしょう》　父《ちち》よ、あなたに委《ゆだ》ねます。

一同《いちどう》　父《ちち》よ、わたしを委《ゆだ》ねます。

先唱《せんしょう》　わたしを救《すく》われたいつくしみ深《ふか》い神《かみ》。
一同《いちどう》　父《ちち》よ、わたしを委《ゆだ》ねます。
先唱《せんしょう》　栄光《えいこう》は父《ちち》と子《こ》と聖霊《せいれい》に。
一同《いちどう》　父《ちち》よ、あなたに委《ゆだ》ねます。
父《ちち》よ、わたしを委《ゆだ》ねます。

福音《ふくいん》の歌《うた》

起《お》きている時《とき》も、眠《ねむ》っている時《とき》も、
神《かみ》よ、わたしを救《すく》い、守《まも》ってください。
キリストのうちにいつも目覚《めざ》め、
平和《へいわ》のうちに憩《いこ》うことができるように。

神《かみ》よ、今《いま》こそあなたはおことばのとおり、
僕《しもべ》を安《やす》らかに行《い》かせてくださる。
わたしはこの目《め》であなたの救《すく》いを見《み》た。
あなたは万民《ばんみん》の前《まえ》に備《そな》えられた救《すく》い、
諸国《しょこく》の民《たみ》を照《て》らす光《ひかり》、
あなたの民《たみ》イスラエルの光栄《こうえい》。
栄光《えいこう》は父《ちち》と子《こ》と聖霊《せいれい》に。
初《はじ》めのように今《いま》もいつも代々《よよ》に。アーメン。

結《むす》びの祈《いの》り

すべてを治《おさ》められる神《かみ》よ、わたしたちを訪《おとず》れ、すべての悪《あく》を遠《とお》ざけてください。この住《す》まいにみ使《つか》いを送《おく》ってわたしたちを守《まも》り、祝福《しゅくふく》を豊《ゆた》かにお与《あた》えください。

わたしたちの主《しゅ》イエス・キリストによって。アーメン。

この夜《よる》を安《やす》らかに過《す》ごし、終《お》わりを全《まっと》うする恵《めぐ》みを、全能《ぜんのう》の神《かみ》が与《あた》えてくださいますように。アーメン。

聖母賛歌《せいぼさんか》

救《すく》い主《ぬし》を育《そだ》てた母《はは》、
あなたは開《ひら》かれた天《てん》の門《もん》、
光《ひか》り輝《かがや》く海《うみ》の星《ほし》、
倒《たお》れる者《もの》に走《はし》り寄《よ》り、

力《ちから》づけてくださる方《かた》。
すべてのものがたたえる中《なか》で、
造《つく》り主《ぬし》を生《う》んだ方《かた》。
ガブリエルから言葉《ことば》を受《う》けたとわのおとめよ、
罪深《つみぶか》いわれらのために祈《いの》りたまえ。

（または）

元后《げんこう》あわれみの母《はは》、
われらのいのち、喜《よろこ》び、希《き》望《ぼう》。
旅路《たびじ》からあなたに叫《さけ》ぶエバの子《こ》。
嘆《なげ》きながら、泣《な》きながらも

涙《なみだ》の谷《たに》にあなたを慕《した》う。
われらのために執《と》り成《な》す方《かた》、
あわれみの目《め》をわれらに注《そそ》ぎ、
とうといあなたの子《こ》イエスを
旅路《たびじ》の果《は》てに示《しめ》してください。
おお、いつくしみ、恵《めぐ》みあふれる、
喜《よろこ》びのおとめマリア。

（復活節《ふっかつせつ》）

天《てん》の元后《げんこう》、喜《よろこ》びたまえ。アレルヤ。
あなたにやどられた方《かた》は。アレルヤ。

仰《おお》せのように復活《ふっかつ》された。アレルヤ。
われらのために祈《いの》りたまえ。アレルヤ。

床《とこ》につく時《とき》の祈《いの》り

（一）
イエス、マリア、ヨセフ、心《こころ》も体《からだ》もみ手《て》に委《ゆだ》ねます。
イエス、マリア、ヨセフ、臨終《りんじゅう》の苦《くる》しみの時《とき》にわたしを助《たす》けてください。
イエス、マリア、ヨセフ、永遠《えいえん》の憩《いこ》いを迎《むか》える恵《めぐ》みをお与《あた》えください。

父《ちち》と子《こ》と聖霊《せいれい》のみ名《な》によって。アーメン。

（二）

起《お》きている時《とき》も、眠《ねむ》っている時《とき》も、
神《かみ》よ、わたしを救《すく》い、守《まも》ってください。
キリストのうちにいつも目覚《めざ》め、
平和《へいわ》のうちに憩《いこ》うことができるように。
父《ちち》と子《こ》と聖霊《せいれい》のみ名《な》によって。アーメン。

（三）

今《いま》わたしは眠《ねむ》りにつき、

神《かみ》はまた目覚《めざ》めさせてくださる。
父《ちち》よ、わたしの魂《たましい》をみ手《て》に委《ゆだ》ねます。
父《ちち》と子《こ》と聖霊《せいれい》のみ名《な》によって。アーメン。

ミサの式次第《しきしだい》

開《かい》　祭《さい》

入祭《にゅうさい》の歌《うた》と行列《ぎょうれつ》

入祭《にゅうさい》のあいさつ

司祭《しさい》　父《ちち》と子《こ》と聖霊《せいれい》のみ名《な》によって。
会衆《かいしゅう》　アーメン。

司祭《しさい》　主《しゅ》イエス・キリストの恵《めぐ》み、神《かみ》の愛《あい》、聖霊《せいれい》の交《まじ》わりが皆《みな》さんとともに。

（または）

司祭《しさい》　父《ちち》である神《かみ》と主《しゅ》イエス・キリストからの恵《めぐ》みと平和《へいわ》が皆《みな》さんとともに。

（または）

司祭《しさい》　主《しゅ》は皆《みな》さんとともに。

会衆《かいしゅう》　またあなたとともに。

回心《かいしん》への招《まね》き

司祭《しさい》　皆《みな》さん、聖《せい》なる祭儀《さいぎ》を行《おこな》う前《まえ》に、わたしたちの罪《つみ》を認《みと》め、ゆるしを願《ねが》いましょう。

（または）

司祭《しさい》　皆《みな》さん、わたしたちの罪《つみ》を思《おも》い、感謝《かんしゃ》の祭儀《さいぎ》を祝《いわ》う前《まえ》に心《こころ》を改《あらた》めましょう。

（または）

司祭《しさい》　皆《みな》さん、救《すく》いの神秘《しんぴ》をふさわしく祝《いわ》うことができるよう、わたしたちの生活《せいかつ》を振《ふ》り返《かえ》り、心《こころ》を改《あらた》めましょう。

（または）

司祭《しさい》　皆《みな》さん、ふさわしい心《こころ》で神《かみ》に賛美《さんび》と感謝《かんしゃ》をささげることができるよう、わたしたちの過《あやま》ちを認《みと》め、ゆるしを願《ねが》いましょう。

回心《かいしん》の祈《いの》り一

（短《みじか》い沈黙《ちんもく》の後《のち》、一同《いちどう》は手《て》を合《あ》わせ、頭《あたま》を下《さ》げて、一般告白《いっぱんこくはく》の式文《しきぶん》を唱《とな》える。）

一同《いちどう》　全能《ぜんのう》の神《かみ》と、
兄弟姉妹《きょうだいしまい》の皆《みな》さんに告白《こくはく》します。わたしは、思《おも》い、ことば、行《おこな》い、怠《おこた》りによってたびたび罪《つみ》を犯《おか》しました。聖母《せいぼ》マリア、すべての天使《てんし》と聖人《せいじん》、そして兄弟姉妹《きょうだいしまい》の皆《みな》さん、罪深《つみふか》いわたしのために神《かみ》に祈《いの》ってください。

（続《つづ》いて、司祭《しさい》は罪《つみ》のゆるしを祈《いの》る。）

司祭《しさい》　全能《ぜんのう》の神《かみ》、いつくしみ深《ふか》い父《ちち》がわたしたちの罪《つみ》をゆるし、永遠《えいえん》のいのちに導《みちび》いてくださいますように。

会衆《かいしゅう》　アーメン。

回心《かいしん》の祈《いの》り 二

司祭《しさい》　皆《みな》さん、聖《せい》なる祭儀《さいぎ》を行《おこな》う前《まえ》に、わたしたちの罪《つみ》を認《みと》め、ゆるしを願《ねが》いましょう。

会衆《かいしゅう》　主《しゅ》よ、あわれみをわたしたちに。

司祭《しさい》　わたしたちはあなたに罪《つみ》を犯《おか》しました。

会衆《かいしゅう》　主《しゅ》よ、いつくしみを示《しめ》し、

わたしたちに救《すく》いをお与《あた》えください。

（続《つづ》いて、司祭《しさい》は罪《つみ》のゆるしを祈《いの》る。）

司祭《しさい》　全能《ぜんのう》の神《かみ》、いつくしみ深《ふか》い父《ちち》がわたしたちの罪《つみ》をゆるし、永遠《えいえん》のいのちに導《みちび》いてくださいますように。

会衆《かいしゅう》　アーメン。

回心《かいしん》の祈《いの》り 三

司祭《しさい》　皆《みな》さん、聖《せい》なる祭儀《さいぎ》を行《おこな》う前《まえ》に、わたしたちの罪《つみ》を認《みと》め、ゆるしを願《ねが》いましょう。

先唱《せんしょう》　打《う》ち砕《くだ》かれた心《こころ》をいやすために遣《つか》わされた主《しゅ》よ、いつくしみを。

会衆《かいしゅう》　主《しゅ》よ、いつくしみをわたしたちに。

先唱《せんしょう》　罪《つみ》びとを招《まね》くために来《こ》られたキリスト、いつくしみを。

会衆《かいしゅう》　キリスト、いつくしみをわたしたちに。

先唱《せんしょう》　父《ちち》の右《みぎ》の座《ざ》にあって、わたしたちのためにとりなしてくださる主《しゅ》よ、いつくしみを。

会衆《かいしゅう》　主《しゅ》よ、いつくしみをわたしたちに。

（続《つづ》いて、司祭《しさい》は罪《つみ》のゆるしを祈《いの》る。）

司祭《しさい》　全能《ぜんのう》の神《かみ》、いつくしみ深《ふか》い父《ちち》がわたしたちの罪《つみ》をゆるし、永遠《えいえん》のいのちに導《みちび》いてくださいますように。

会衆《かいしゅう》　アーメン。

いつくしみの賛歌《さんか》一（キリエ）

＊「回心の祈り　三」を用いた場合は省く。

先唱《せんしょう》　主《しゅ》よ、いつくしみを。

会衆《かいしゅう》　主《しゅ》よ、いつくしみをわたしたちに。

先唱《せんしょう》　キリスト、いつくしみを。

会衆《かいしゅう》　キリスト、いつくしみをわたしたちに。

先唱《せんしょう》　主《しゅ》よ、いつくしみを。
会衆《かいしゅう》　主《しゅ》よ、いつくしみをわたしたちに。

二

先唱《せんしょう》　キリエ、エレイソン。
会衆《かいしゅう》　キリエ、エレイソン。
先唱《せんしょう》　クリステ、エレイソン。
会衆《かいしゅう》　クリステ、エレイソン。
先唱《せんしょう》　キリエ、エレイソン。
会衆《かいしゅう》　キリエ、エレイソン。

栄光《えいこう》の賛歌《さんか》（グロリア）

（規定《きてい》に従《したが》って、一同《いちどう》は栄光《えいこう》の賛歌《さんか》（グロリア）を歌《うた》うか、または唱《とな》える。）

天《てん》には神《かみ》に栄光《えいこう》、
地《ち》にはみ心《こころ》にかなう人《ひと》に平和《へいわ》。
神《かみ》なる主《しゅ》、天《てん》の王《おう》、全能《ぜんのう》の父《ちち》なる神《かみ》よ。
わたしたちは主《しゅ》をほめ、主《しゅ》をたたえ、
主《しゅ》を拝《おが》み、主《しゅ》をあがめ、
主《しゅ》の大《おお》いなる栄光《えいこう》のゆえに感謝《かんしゃ》をささげます。
主《しゅ》なる御《おん》ひとり子《ご》イエス・キリストよ、
神《かみ》なる主《しゅ》、神《かみ》の子羊《こひつじ》、父《ちち》のみ子《こ》よ、

世《よ》の罪《つみ》を取《と》り除《のぞ》く主《しゅ》よ、いつくしみをわたしたちに。
世《よ》の罪《つみ》を取《と》り除《のぞ》く主《しゅ》よ、
わたしたちの願《ねが》いを聞《き》き入《い》れてください。
父《ちち》の右《みぎ》に座《ざ》しておられる主《しゅ》よ、いつくしみをわたしたちに。
ただひとり聖《せい》なるかた、すべてを超《こ》える唯一《ゆいいつ》の主《しゅ》、
イエス・キリストよ、
聖霊《せいれい》とともに父《ちち》なる神《かみ》の栄光《えいこう》のうちに。
アーメン。

集会祈願《しゅうかいきがん》

司祭《しさい》……祈《いの》りましょう。（一同《いちどう》は司祭《しさい》とともに、しばらく沈黙《ちんもく》のうちに

祈《いの》る。続《つづ》いて司祭《しさい》は手《て》を広《ひろ》げて集会祈願《しゅうかいきがん》を唱《とな》え、会衆《かいしゅう》は結《むす》びにはっきりと唱《とな》える。）

聖霊《せいれい》の交《まじ》わりの中《なか》で、あなたとともに世々《よよ》に生《い》き、支《し》配《はい》しておられる御子《おんこ》、わたしたちの主《しゅ》イエス・キリストによって。

会衆《かいしゅう》　アーメン。

ことばの典礼《てんれい》

第《だい》一《いち》朗《ろう》読《どく》

（朗読者《ろうどくしゃ》は朗読台《ろうどくだい》に行《ゆ》き、第一朗読《だいいちろうどく》を行《おこな》う。その間《かん》、一同《いちどう》は着席《ちゃくせき》して聞《き》く。朗読《ろうどく》の終《お》わりを示《しめ》すため、朗読者《ろうどくしゃ》は手《て》を合《あ》わせてはっきりと唱《とな》える。）

朗読者《ろうどくしゃ》　神《かみ》のみことば

一同《いちどう》　神《かみ》に感謝《かんしゃ》。

（続《つづ》いて、朗読者《ろうどくしゃ》は聖書《せいしょ》に一礼《いちれい》して席《せき》に戻《もど》る。一同《いちどう》は沈黙《ちんもく》のうちに、神《かみ》のことばを味《あじ》わう。）

答《とう》唱《しょう》詩《し》編《へん》

（詩編唱者《しへんしょうしゃ》あるいは先唱者《せんしょうしゃ》は詩編《しへん》を歌《うた》うか、または唱《とな》え、会衆《かいしゅう》は答唱《とうしょう》する。）

第二朗読《だいにろうどく》

（主日《しゅじつ》、祭日《さいじつ》などに第二朗読《だいにろうどく》が行《おこな》われる場合《ばあい》、
第一朗読《だいいちろうどく》と同《おな》じように行《おこな》われる。）

朗読者《ろうどくしゃ》　神《かみ》のみことば
会衆《かいしゅう》　神《かみ》に感謝《かんしゃ》。

アレルヤ唱《しょう》 または 詠唱《えいしょう》　（一同《いちどう》は起立《きりつ》し、アレルヤ唱《しょう》（詠唱《えいしょう》）を歌《うた》う。）

福音朗読《ふくいんろうどく》
福音《ふくいん》の崇敬《すうけい》と朗読《ろうどく》

助祭《じょさい》（司祭《しさい》）　主《しゅ》は皆《みな》さんとともに。

会衆《かいしゅう》　またあなたとともに。

助祭《じょさい》（司祭《しさい》）　……による福音《ふくいん》。

（会衆《かいしゅう》は助祭《じょさい》あるいは司祭《しさい》とともに、額《ひたい》、口《くち》、胸《むね》に十字架《じゅうじか》のしるしをして、はっきりと唱《とな》える。）

会衆《かいしゅう》　主《しゅ》に栄光《えいこう》。

賛美《さんび》の応唱《おうしょう》
（福音朗読《ふくいんろうどく》が終《お》わると、助祭《じょさい》あるいは司祭《しさい》は朗読福音書《ろうどくふくいんしょ》を両手《りょうて》で掲《かか》げてはっきりと唱《とな》える。）

助祭《じょさい》（司祭《しさい》）主《しゅ》のみことば。
会衆《かいしゅう》キリストに賛美《さんび》。

説教《せっきょう》（会衆《かいしゅう》は着席《ちゃくせき》する。）
（すべての主日《しゅじつ》と守《まも》るべき祝日《しゅくじつ》には説教《せっきょう》が行《おこな》われる。他《た》の日《ひ》にも勧《すす》められる。）

信仰宣言《しんこうせんげん》（会衆《かいしゅう》は起立《きりつ》する。）
（すべての主日《しゅじつ》と祭日《さいじつ》、およびより盛大《せいだい》に行《おこな》われる特別《とくべつ》な祭儀《さいぎ》に、一同《いちどう》は以下《いか》のいずれかの信条《しんじょう》を歌《うた》うか、または唱《とな》えて信仰宣言《しんこうせんげん》を行《おこな》う。）

ニケア・コンスタンチノープル信条《しんじょう》

わたしは信《しん》じます。唯一《ゆいいつ》の神《かみ》、全能《ぜんのう》の父《ちち》、天《てん》と地《ち》、見《み》える
もの、見《み》えないもの、すべてのものの造《つく》り主《ぬし》を。
わたしは信《しん》じます。唯一《ゆいいつ》の主《しゅ》イエス・キリストを。
主《しゅ》は神《かみ》のひとり子《ご》、すべてに先立《さきだ》って父《ちち》より生《う》まれ、
神《かみ》よりの神《かみ》、光《ひかり》よりの光《ひかり》、まことの神《かみ》よりのまことの神《かみ》、
造《つく》られることなく生《う》まれ、父《ちち》と一体《いったい》。すべては主《しゅ》によって
造《つく》られました。
主《しゅ》は、わたしたち人類《じんるい》のため、わたしたちの救《すく》いのために
天《てん》からくだり、（以下《いか》、「人《ひと》となられました」まで一同《いちどう》は礼《れい》をする。）
聖霊《せいれい》によって、おとめマリアよりからだを受《う》け、人《ひと》となら
れました。

ポンティオ・ピラトのもとで、わたしたちのために十字架《じゅうじか》につけられ、苦《くる》しみを受《う》け、葬《ほうむ》られ、聖書《せいしょ》にあるとおり三日《みっか》目《め》に復活《ふっかつ》し、天《てん》に昇《のぼ》り、父《ちち》の右《みぎ》の座《ざ》に着《つ》いておられます。主《しゅ》は、正者《せいしゃ》と死者《ししゃ》を裁《さば》くために栄光《えいこう》のうちに再《ふたた》び来《こ》られます。その国《くに》は終《お》わることがありません。

わたしは信《しん》じます。主《しゅ》であり、いのちの与《あた》え主《ぬし》である聖霊《せいれい》を。聖霊《せいれい》は、父《ちち》と子《こ》から出《で》て、父《ちち》と子《こ》とともに礼拝《れいはい》され、栄光《えいこう》を受《う》け、また預言者《よげんしゃ》を通《とお》して語《かた》られました。

わたしは、聖《せい》なる、普遍《ふへん》の、使徒的《しとてき》、唯一《ゆいいつ》の教会《きょうかい》を信《しん》じます。罪《つみ》のゆるしをもたらす唯一《ゆいいつ》の洗礼《せんれい》を認《みと》め、死者《ししゃ》の復活《ふっかつ》と来《らい》世《せ》のいのちを待《ま》ち望《のぞ》みます。アーメン。

使徒信条《しとしんじょう》

天地《てんち》の創造主《そうぞうしゅ》、全能《ぜんのう》の父《ちち》である神《かみ》を信《しん》じます。

父《ちち》のひとり子《ご》、わたしたちの主《しゅ》イエス・キリストを信《しん》じます。

（以下《いか》、「おとめマリアから生《う》まれ」まで一同《いちどう》は礼《れい》をする。）

主《しゅ》は聖霊《せいれい》によってやどり、おとめマリアから生《う》まれ、ポンテイオ・ピラトのもとで苦《くる》しみを受《う》け、十字架《じゅうじか》につけられて死《し》に、葬《ほうむ》られ、陰府《よみ》に下《くだ》り、三日目《みっかめ》に死者《ししゃ》のうちから復活《ふっかつ》し、天《てん》に昇《のぼ》って、全能《ぜんのう》の父《ちち》である神《かみ》の右《みぎ》の座《ざ》に着《つ》き、生者《せいしゃ》と死者《ししゃ》を裁《さば》くために来《こ》られます。

聖霊《せいれい》を信《しん》じ、聖《せい》なる普遍《ふへん》の教会《きょうかい》、聖徒《せいと》の交《まじ》わり、罪《つみ》のゆるし、からだの復活《ふっかつ》、永遠《えいえん》のいのちを信《しん》じます。アーメン。

共同祈願《きょうどうきがん》（信者《しんじゃ》の祈《いの》り）

（共同祈願《きょうどうきがん》、すなわち信者《しんじゃ》の祈《いの》りを行《おこな》う。会衆《かいしゅう》は各意向《かくいこう》の後《あと》に応唱《おうしょう》もしくは沈黙《ちんもく》の祈《いの》りをもって祈《いの》りを自分《じぶん》のものとする。司祭《しさい》の結《むす》びの祈《いの》りの後《あと》にはっきりと唱《とな》える。）

会衆《かいしゅう》　アーメン。

感謝《かんしゃ》の典礼《てんれい》

供《そな》えものの準備《じゅんび》（会衆《かいしゅう》は着席《ちゃくせき》する。）

（ことばの典礼《てんれい》が終《お》わると、奉納《ほうのう》の歌《うた》が始《はじ》まる。その間《かん》に、奉仕者《ほうししゃ》が感謝《かんしゃ》の典礼《てんれい》に必要《ひつよう》なものを祭壇《さいだん》に準備《じゅんび》する。）

（信者《しんじゃ》の代表《だいひょう》はパンとぶどう酒《しゅ》、その他《た》の供《そな》えものを運《はこ》ぶ。）

（司祭《しさい》は祭壇《さいだん》に行《ゆ》き、パンを載《の》せたパテナを取《と》り、両手《りょうて》で祭壇上《さいだんじょう》に少《すこ》し持《も》ち上《あ》げ、次《つぎ》の祈《いの》りを小声《こごえ》で唱《とな》える。）

司祭《しさい》　神《かみ》よ、あなたは万物《ばんぶつ》の造《つく》り主《ぬし》。
ここに供《そな》えるパンはあなたからいただいたもの、
大地《だいち》の恵《めぐ》み、労働《ろうどう》の実《みの》り、
わたしたちのいのちの糧《かて》となるものです。

（奉納《ほうのう》の歌《うた》を歌《うた》わない場合《ばあい》、司祭《しさい》はこの祈《いの》りをはっきりと唱《とな》え、結《むす》びに会衆《かいしゅう》ははっきりと唱《とな》えることができる。）

会衆《かいしゅう》　神《かみ》よ、あなたは万物《ばんぶつ》の造《つく》り主《ぬし》。

（助祭《じょさい》または司祭《しさい》は、ぶどう酒《しゅ》と少量《しょうりょう》の水《みず》をカリスに注《そそ》いで静《しず》かに唱《とな》える。）

助祭《じょさい》（司祭《しさい》）　この水《みず》とぶどう酒《しゅ》の神秘《しんぴ》によって、わたしたちが、人《ひと》となられたかたの神性《しんせい》にあずかることができますように。

（司祭《しさい》はカリスを取《と》り、両手《りょうて》で祭壇上《さいだんじょう》に少《すこ》し持《も》ち上《あ》げ、
次《つぎ》の祈《いの》りを小声《こごえ》で唱《とな》える。）

司祭《しさい》　神《かみ》よ、あなたは万物《ばんぶつ》の造《つく》り主《ぬし》。
ここに供《そな》えるぶどう酒《しゅ》はあなたからいただいたもの、
大地《だいち》の恵《めぐ》み、労働《ろうどう》の実《みの》り、
わたしたちの救《すく》いの杯《さかずき》となるものです。

（奉納《ほうのう》の歌《うた》を歌《うた》わない場合《ばあい》、司祭《しさい》はこの祈《いの》りをはっきりと唱《とな》え、結《むす》びに
会衆《かいしゅう》ははっきりと唱《とな》えることができる。）

会衆《かいしゅう》　神《かみ》よ、あなたは万物《ばんぶつ》の造《つく》り主《ぬし》。

（その後《ご》、司祭《しさい》は深《ふか》く頭《あたま》を下《さ》げ、静《しず》かに唱《とな》える。）

司祭《しさい》　神《かみ》よ、心《こころ》から悔《く》い改《あらた》めるわたしたちが受《う》け入《い》れられ、きょう、み前《まえ》に供《そな》えるいけにえも、み心《こころ》にかなうものとなりますように。

（続《つづ》いて、司祭《しさい》は祭壇《さいだん》の脇《わき》で手《て》を洗《あら》い、静《しず》かに唱《とな》える。）

司祭《しさい》　神《かみ》よ、わたしの汚《けが》れを洗《あら》い、罪《つみ》から清《きよ》めてください。

（司祭《しさい》は祭壇《さいだん》の中央《ちゅうおう》に立《た》ち、会衆《かいしゅう》に向《む》かって手《て》を広《ひろ》げ、次《つぎ》の招《まね》きのことばを述《の》べてから手《て》を合《あ》わせる。）

司祭《しさい》　皆《みな》さん、ともにささげるこのいけにえを、
全能《ぜんのう》の父《ちち》である神《かみ》が
受《う》け入《い》れてくださるよう祈《いの》りましょう。

（会衆《かいしゅう》は立《た》って答《こた》える。）

会衆《かいしゅう》　神《かみ》の栄光《えいこう》と賛美《さんび》のため、
またわたしたちと全教会《ぜんきょうかい》のために、
あなたの手《て》を通《とお》しておささげするいけにえを、

神《かみ》が受《う》け入《い》れてくださいますように。

(一同《いちどう》はその後《ご》、しばらく沈黙《ちんもく》のうちに祈《いの》る。)

奉《ほう》納《のう》祈《き》願《がん》

(司祭《しさい》は手《て》を広《ひろ》げて奉納祈願《ほうのうきがん》を唱《とな》え、会衆《かいしゅう》は結《むす》びにははっきりと唱《とな》える。)

司祭《しさい》 ……わたしたちの主《しゅ》イエス・キリストによって

会衆《かいしゅう》 アーメン。

奉《ほう》献《けん》文《ぶん》(エウカリスティアの祈《いの》り)

（司祭《しさい》は奉献文《ほうけんぶん》を始《はじ》める。）

（司祭《しさい》は手《て》を広《ひろ》げて唱《とな》える。）

司祭《しさい》　主《しゅ》は皆《みな》さんとともに。

会衆《かいしゅう》　またあなたとともに。

司祭《しさい》　心《こころ》をこめて

会衆《かいしゅう》　神《かみ》を仰《あお》ぎ、

司祭《しさい》　賛美《さんび》と感謝《かんしゃ》をささげましょう。

会衆《かいしゅう》　それはとうとい大切《たいせつ》な務《つと》め（です）。

叙《じょ》唱《しょう》（第《だい》二《に》奉献文《ほうけんぶん》）

（司《し》祭《さい》は叙唱《じょしょう》を唱《とな》える。）

司《し》祭《さい》　聖《せい》なる父《ちち》よ、最愛《さいあい》の子《こ》イエス・キリストを通《とお》して、

いつどこでもあなたに感謝《かんしゃ》をささげることは、

まことにとうとい大切《たいせつ》な務《つと》め（です）。

あなたはみことばによってすべてをお造《つく》りになりました。

みことばである御子《おんこ》は、

救《すく》い主《ぬし》、あがない主《ぬし》としてわたしたちに遣《つか》わされ、

聖霊《せいれい》によって人《ひと》となり、おとめマリアから生《う》まれ、

み旨《むね》を果《は》たして、人々《ひとびと》をあなたの聖《せい》なる民《たみ》とするために、

手《て》を広《ひろ》げて苦難《くなん》に身《み》をゆだね、
死《し》を滅《ほろ》ぼして復活《ふっかつ》の栄光《えいこう》を現《あらわ》してくださいました。
わたしたちは声《こえ》を合《あ》わせて歌《うた》います。
天使《てんし》とすべての聖人《せいじん》とともに、
あなたの栄光《えいこう》をたたえて。

感謝《かんしゃ》の賛歌《さんか》（サンクトゥス）

（叙唱《じょしょう》の終《お》わりに、会衆《かいしゅう》は司祭《しさい》とともに感謝《かんしゃ》の賛歌《さんか》（サンクトゥス）を歌《うた》うか、はっきりと唱《とな》える。）

一同《いちどう》　聖《せい》なる、聖《せい》なる、聖《せい》なる神《かみ》、
すべてを治《おさ》める神《かみ》なる主《しゅ》。
主《しゅ》の栄光《えいこう》は天地《てんち》に満《み》つ。
天《てん》には神《かみ》にホザンナ。
主《しゅ》の名《な》によって来《こ》られるかたに賛美《さんび》。
天《てん》には神《かみ》にホザンナ。

第二奉献文《だいにほうけんぶん》

（司祭《しさい》は手《て》を広《ひろ》げて唱《とな》える。）

司祭《しさい》　まことに聖《せい》なる神《かみ》、

すべての聖性《せいせい》の源《みなもと》である父《ちち》よ
いま、聖霊《せいれい》を注《そそ》ぎ、
この供《そな》えものを聖《せい》なるものとしてください。
わたしたちのために、
主《しゅ》イエス・キリストの御《おん》からだと
✝御血《おんち》になりますように。

主《しゅ》イエスはすすんで受難《じゅなん》に向《む》かう前《まえ》に、
パンを取《と》り、
感謝《かんしゃ》をささげ、裂《さ》いて、
弟子《でし》に与《あた》えて仰《おお》せになりました。

「皆《みな》、これを取《と》って食《た》べなさい。
これはあなたがたのために渡《わた》される
わたしのからだ（である）。」

（聖別《せいべつ》されたホスティアを会衆《かいしゅう》に示《しめ》す。）
（司祭《しさい》がホスティアを示《しめ》した後《あと》、会衆《かいしゅう》は司祭《しさい》とともに、
手《て》を合《あ》わせて深《ふか》く礼《れい》をする）。

食事《しょくじ》の後《あと》に同《おな》じように杯《さかずき》を取《と》り、
感謝《かんしゃ》をささげ、弟子《でし》に与《あた》えて仰《おお》せになりました。

「皆《みな》、これを受《う》けて飲《の》みなさい。
これはわたしの血《ち》の杯《さかずき》、
あなたがたと多《おお》くの人《ひと》のために流《なが》されて
罪《つみ》のゆるしとなる新《あたら》しい永遠《えいえん》の契約《けいやく》の血《ち》（である）。
これをわたしの記念《きねん》として行《おこな》いなさい。」

（カリスを会衆《かいしゅう》に示《しめ》す。）
（司祭《しさい》がカリスを示《しめ》した後《あと》、会衆《かいしゅう》は司祭《しさい》とともに手《て》を合《あ》わせて深《ふか》く礼《れい》をする。）
（続《つづ》いて司祭《しさい》は唱《とな》える。）

司祭《しさい》　信仰《しんこう》の神秘《しんぴ》。
会衆《かいしゅう》　主《しゅ》よ、あなたの死《し》を告《つ》げ知《し》らせ、復活《ふっかつ》をほめたたえます。
再《ふたた》び来《こ》られるときまで。

（または）
主《しゅ》よ、このパンを食《た》べ、この杯《さかずき》を飲《の》むたびに、
あなたの死《し》を告《つ》げ知《し》らせます。
再《ふたた》び来《こ》られるときまで。

（または）
十字架《じゅうじか》と復活《ふっかつ》によってわたしたちを解放《かいほう》された

世《よ》の救《すく》い主《ぬし》、わたしたちをお救《すく》いください。

司祭《しさい》

聖《せい》なる父《ちち》よ、
わたしたちはいま、主《しゅ》イエスの死《し》と
復活《ふっかつ》の記念《きねん》を行《おこな》い、み前《まえ》であなたに
奉仕《ほうし》できることを感謝《かんしゃ》し、いのちの
パンと救《すく》いの杯《さかずき》をささげます。

キリストの御《おん》からだと御血《おんち》に
ともにあずかるわたしたちが、
聖霊《せいれい》によって一《ひと》つに結《むす》ばれますように。

世界《せかい》に広《ひろ》がるあなたの教会《きょうかい》を思《おも》い起《お》こし、
教皇《きょうこう》○○○○、
（協働司教《きょうどうしきょう》および補佐司教《ほさしきょう》の名《な》を加《くわ》えることができる。）
すべての奉仕者《ほうししゃ》とともに、
あなたの民《たみ》をまことの愛《あい》で満《み》たしてください。

（死者《ししゃ》のためのミサの場合《ばあい》は、次《つぎ》の祈《いの》りを加《くわ》えることができる。）

✝（きょう、）この世《よ》からあなたのもとに召《め》された
○○○○（姓名《せいめい》）を心《こころ》に留《と》めてください。

洗礼《せんれい》によってキリストの死《し》に結《むす》ばれた者《もの》が、
その復活《ふっかつ》にも結《むす》ばれますように。

また、復活《ふっかつ》の希望《きぼう》をもって眠《ねむ》りについたわたしたちの
兄弟姉妹《きょうだいしまい》と、あなたのいつくしみのうちに亡《な》くなった
すべての人《ひと》を心《こころ》に留《と》め、あなたの光《ひかり》の中《なか》に受《う》け入《い》れて
ください。
いま、ここに集《つど》うわたしたちをあわれみ、
神《かみ》の母《はは》おとめマリアと聖《せい》ヨセフ、
使徒《しと》とすべての時代《じだい》の聖人《せいじん》とともに

永遠《えいえん》のいのちにあずからせてください。
御子《おんこ》イエス・キリストを通《とお》して、
あなたをほめたたえることができますように。

キリストによってキリストとともにキリストのうちに、
聖霊《せいれい》の交《まじ》わりの中《なか》で、全能《ぜんのう》の神《かみ》、父《ちち》であるあなたに、
すべての誉《ほま》れと栄光《えいこう》は、世々《よよ》に至《いた》るまで。

会衆《かいしゅう》
アーメン。

交《まじ》わりの儀《ぎ》（コムニオ）

主《しゅ》の祈《いの》り

（司祭《しさい》は、たとえば次《つぎ》のようなことばで会衆《かいしゅう》を主《しゅ》の祈《いの》りに招《まね》く。）

司祭《しさい》　主《しゅ》の教《おし》えを守《まも》り、みことばに従《したが》い、つつしんで主《しゅ》の祈《いの》りを唱《とな》えましょう。

（または）

わたしたちにいのちの糧《かて》を与《あた》えてくださる天《てん》の父《ちち》をたたえて祈《いの》りましょう。

（または）

主《しゅ》イエスは、神《かみ》を父《ちち》と呼《よ》ぶよう教《おし》えてくださいました。
信頼《しんらい》をもって主《しゅ》の祈《いの》りを唱《とな》えましょう。

（または）

キリストのいのちを受《う》けて一《ひと》つになることができるよう、主《しゅ》の祈《いの》りをささげましょう。

（会衆《かいしゅう》は司祭《しさい》とともに唱《とな》える。）

一同《いちどう》　天《てん》におられるわたしたちの父《ちち》よ、
み名《な》が聖《せい》とされますように。

み国《くに》が来《き》ますように。
みこころが天《てん》に行《おこな》われるとおり
地《ち》にも行《おこな》われますように。
わたしたちの日《ひ》ごとの糧《かて》を今日《きょう》もお与《あた》えください。
わたしたちの罪《つみ》をおゆるしください。
わたしたちも人《ひと》をゆるします。
わたしたちを誘惑《ゆうわく》におちいらせず、
悪《あく》からお救《すく》いください。
（司祭《しさい》は手《て》を広《ひろ》げたまま一人《ひとり》で続《つづ》ける。）

司祭《しさい》　いつくしみ深《ふか》い父《ちち》よ、すべての悪《あく》からわたしたちを救《すく》い、世界《せかい》に平和《へいわ》をお与《あた》えください。あなたのあわれみに支《ささ》えられて、罪《つみ》から解放《かいほう》され、すべての困難《こんなん》に打《う》ち勝《か》つことができますように。わたしたちの希望《きぼう》、救《すく》い主《ぬし》イエス・キリストが来《こ》られるのを待《ま》ち望《のぞ》んでいます。

（会衆《かいしゅう》ははっきりと唱《とな》える。）

会衆《かいしゅう》　国《くに》と力《ちから》と栄光《えいこう》は、永遠《えいえん》にあなたのもの。

教会《きょうかい》に平和《へいわ》を願《ねが》う祈《いの》り

（司祭《しさい》は手《て》を広《ひろ》げてはっきりと唱《とな》える。）

司祭《しさい》　主《しゅ》イエス・キリスト、
あなたは使徒《しと》に仰《おお》せになりました。
「わたしは平和《へいわ》を残《のこ》し、わたしの平和《へいわ》をあなたがたに
与《あた》える。」
主《しゅ》よ、わたしたちの罪《つみ》ではなく、教会《きょうかい》の信仰《しんこう》を顧《かえり》み、
おことばのとおり教会《きょうかい》に平和《へいわ》と一致《いっち》をお与《あた》えください。
あなたはまことのいのち、すべてを導《みちび》かれる神《かみ》、
世々《よよ》とこしえに。
会衆《かいしゅう》　アーメン。

平和《へいわ》のあいさつ

（司祭《しさい》は会衆《かいしゅう》に向《む》かって手《て》を広《ひろ》げ、次《つぎ》のことばを述《の》べる。）

司祭《しさい》　主《しゅ》の平和《へいわ》がいつも皆《みな》さんとともに。

会衆《かいしゅう》　またあなたとともに。

（状況《じょうきょう》に応《おう》じて、助祭《じょさい》または司祭《しさい》は次《つぎ》のように続《つづ》ける。）

助祭《じょさい》（司祭《しさい》）　互《たが》いに平和《へいわ》のあいさつを交《か》わしましょう。

（一同《いちどう》は平和《へいわ》と一致《いっち》と愛《あい》を示《しめ》すために、地域《ちいき》の慣習《かんしゅう》に従《したが》って、互《たが》いに平和《へいわ》のあいさつを交《か》わす。日本《にほん》では手《て》を合《あ》わせ、「主《しゅ》の平和《へいわ》」と言《い》って互《たが》いに礼《れい》をすることができる。）

一同《いちどう》　主《しゅ》の平和《へいわ》

パンの分割《ぶんかつ》

（司祭《しさい》はホスティアを取《と》ってパテナの上《うえ》で裂《さ》き、小片《しょうへん》をカリスの中《なか》に入《い》れて、静《しず》かに唱《とな》える。）

司祭《しさい》　いま、ここに一《ひと》つとなる主《しゅ》イエス・キリストの御《おん》からだと御血《おんち》によって、わたしたちが永遠《えいえん》のいのちに導《みちび》かれますように。

平和《へいわ》の賛歌《さんか》（アニュス・デイ）

（パンが裂《さ》かれている間《あいだ》に、平和《へいわ》の賛歌《さんか》（アニュス・デイ）を歌《うた》うか、または唱《とな》える。）

会衆《かいしゅう》　世《よ》の罪《つみ》を取《と》り除《のぞ》く神《かみ》の子羊《こひつじ》、いつくしみをわたしたちに。
世《よ》の罪《つみ》を取《と》り除《のぞ》く神《かみ》の子羊《こひつじ》、いつくしみをわたしたちに。
世《よ》の罪《つみ》を取《と》り除《のぞ》く神《かみ》の子羊《こひつじ》、平和《へいわ》をわたしたちに。

（パンを裂《さ》くのに時間《じかん》がかかる場合《ばあい》、何度《なんど》か繰《く》り返《かえ》すことができる。最後《さいご》に「平和《へいわ》をわたしたちに」で結《むす》ぶ。）

拝領《はいりょう》

（司祭《しさい》は静《しず》かに唱《とな》える。）

司祭《しさい》

生《い》ける神《かみ》の子《こ》、主《しゅ》イエス・キリスト、
あなたは父《ちち》のみ心《こころ》に従《したが》い、聖霊《せいれい》の力《ちから》に支《ささ》えられ、
死《し》を通《とお》して世《よ》にいのちをお与《あた》えになりました。
この聖《せい》なるからだと血《ち》によって
すべての罪《つみ》と悪《あく》からわたしたちを解放《かいほう》し、
あなたのおきてをいつも守《まも》り、
あなたから離《はな》れることのないようにしてください。

（または）

主《しゅ》イエス・キリスト、
あなたの御《おん》からだと御血《おんち》をいただくことによって、

裁《さば》きを受《う》けることなく、
かえってあなたのいつくしみにより、
心《こころ》とからだが守《まも》られ、強《つよ》められますように。

（司祭《しさい》は、手《て》を合《あ》わせて深《ふか》く礼《れい》をしてから、ホスティアを取《と》り上《あ》げ、パテナあるいはカリスを添《そ》えて、会衆《かいしゅう》に向《む》かってはっきりと唱《とな》える。）

司祭《しさい》　世《よ》の罪《つみ》を取《と》り除《のぞ》く神《かみ》の子羊《こひつじ》。
神《かみ》の子羊《こひつじ》の食卓《しょくたく》に招《まね》かれた人《ひと》は幸《さいわ》い。

（会衆《かいしゅう》は司祭《しさい》とともに以下《いか》のいずれかを唱《とな》える。）

一同《いちどう》　主《しゅ》よ、わたしはあなたをお迎《むか》えするにふさわしい者《もの》ではありません。おことばをいただくだけで救《すく》われます。

（または）

主《しゅ》よ、あなたは神《かみ》の子《こ》キリスト、永遠《えいえん》のいのちの糧《かて》、あなたをおいてだれのところに行《ゆ》きましょう。

（司祭《しさい》は祭壇《さいだん》に向《む》かい、静《しず》かに唱《とな》える。）

司祭《しさい》　キリストの御《おん》からだが、永遠《えいえん》のいのちの糧《かて》になりますように。

（そして、キリストの御《おん》からだを拝領《はいりょう》する。司祭《しさい》がキリストの御《おん》からだを拝領《はいりょう》している間《あいだ》に、拝領《はいりょう》の歌《うた》を始《はじ》める。）

（続《つづ》いて、司祭《しさい》はカリスを手《て》に取《と》り、静《しず》かに唱《とな》える。）

司祭《しさい》　キリストの御血《おんち》が、永遠《えいえん》のいのちの糧《かて》になりますように。

（そして、キリストの御血《おんち》を拝領《はいりょう》する。その後《ご》、司祭《しさい》は拝領者《はいりょうしゃ》に近《ちか》づき、ホスティアを取《と》って拝領者一人《はいりょうしゃひとり》ひとりに示《しめ》して言《い》う。）

司祭《しさい》　キリストの御《おん》からだ。

拝領者《はいりょうしゃ》　アーメン。

（拝領者《はいりょうしゃ》はホスティアを受《う》けると、すぐにすべてを拝領《はいりょう》して席《せき》に戻《もど》って座《すわ》る。）

（聖体《せいたい》の授与《じゅよ》が終《お》わると、司祭《しさい》はパテナをふき、カリスをすすぐ。その間《かん》に司祭《しさい》は静《しず》かに唱《とな》える。拝領後《はいりょうご》、一同《いちどう》はしばらく沈黙《ちんもく》のうちに祈《いの》る。）

司祭《しさい》　主《しゅ》よ、口《くち》でいただいたものを清《きよ》い心《こころ》をもって
受《う》け入《い》れることができますように。
このたまものによって永遠《えいえん》のいのちに導《みちび》かれますように。

（適当《てきとう》であれば、詩編《しへん》か他《た》の賛美《さんび》の歌《うた》、もしくは賛歌《さんか》を歌《うた》うことができる。）

拝領祈願《はいりょうきがん》

(司祭《しさい》は祭壇《さいだん》または自分《じぶん》の席《せき》で会衆《かいしゅう》に向《む》かって立《た》ち、手《て》を合《あ》わせて言《い》う。)

司祭《しさい》　祈《いの》りましょう。

(一同《いちどう》は起立《きりつ》し、司祭《しさい》とともにしばらく沈黙《ちんもく》のうちに祈《いの》る。)

(続《つづ》いて、司祭《しさい》は、手《て》を広《ひろ》げて拝領祈願《はいりょうきがん》を唱《とな》え、会衆《かいしゅう》はその結《むす》びにはっきりと唱《とな》える。)

司祭《しさい》　……わたしたちの主《しゅ》イエス・キリストによって。

会衆《かいしゅう》　アーメン。

閉《へい》祭《さい》

（必要《ひつよう》があれば、会衆《かいしゅう》への短《みじか》いお知《し》らせが行《おこな》われる。）

（続《つづ》いて派遣《はけん》の祝福《しゅくふく》が行《おこな》われる。司祭《しさい》は会衆《かいしゅう》に向《む》かって手《て》を広《ひろ》げて言《い》う。）

司祭《しさい》　主《しゅ》は皆《みな》さんとともに。

会衆《かいしゅう》　またあなたとともに。

（司祭《しさい》は会衆《かいしゅう》を祝福《しゅくふく》して唱《とな》える。）

司祭《しさい》　全能《ぜんのう》の神《かみ》、父《ちち》と子《こ》と聖霊《せいれい》の祝福《しゅくふく》が
　　　✝ 皆《みな》さんの上《うえ》にありますように。
会衆《かいしゅう》　アーメン。
　　　（助祭《じょさい》または司祭《しさい》は手《て》を合《あ》わせて会衆《かいしゅう》に向《む》かって言《い》う。）
助祭《じょさい》（司祭《しさい》）感謝《かんしゃ》の祭儀《さいぎ》を終《お》わります。
　　　　行《ゆ》きましょう、主《しゅ》の平和《へいわ》のうちに。
（または）
（感謝《かんしゃ》の祭儀《さいぎ》を終《お》わります。）
行《ゆ》きましょう、主《しゅ》の福音《ふくいん》を告《つ》げ知《し》らせるために。

（または）

（感謝《かんしゃ》の祭儀《さいぎ》を終《お》わります。）

平和《へいわ》のうちに行《ゆ》きましょう、

日々《ひび》の生活《せいかつ》の中《なか》で主《しゅ》の栄光《えいこう》を現《あらわ》すために。

会衆《かいしゅう》　神《かみ》に感謝《かんしゃ》。

退《たい》堂《どう》

（開祭《かいさい》と同《おな》じように、司祭《しさい》は奉仕者《ほうししゃ》とともに、祭壇《さいだん》に表敬《ひょうけい》してから退堂《たいどう》する。）

（他《た》の祭儀《さいぎ》が続《つづ》く場合《ばあい》、派遣《はけん》の式《しき》は省《はぶ》かれる。）

ゆるしの秘跡《ひせき》

個別《こべつ》のゆるしの式《しき》

わたしたちは洗礼《せんれい》によって神《かみ》の子供《こども》とされ、キリストの体《からだ》となりました。しかし、わたしたちは罪《つみ》への傾《かたむ》きを持《も》ち、事実《じじつ》、罪《つみ》を犯《おか》してしまいます。このようなわたしたちに神《かみ》は回心《かいしん》を呼《よ》びかけ、教会《きょうかい》を通《とお》してゆるしの恵《めぐ》みを与《あた》えてくださるのです。キリストの模範《もはん》と教《おし》えに従《したが》って信仰《しんこう》を生《い》きているかどうかを反《はん》省《せい》（糾明《きゅうめい》）し、罪《つみ》を認《みと》めて悔《く》い改《あらた》め告白《こくはく》します。

はじめに

司祭《しさい》・信者《しんじゃ》　父《ちち》と子《こ》と聖霊《せいれい》のみ名《な》によって。アーメン。

司祭《しさい》　回心《かいしん》を呼《よ》びかけておられる神《かみ》の声《こえ》に心《こころ》を開《ひら》いてください。

（または）

神《かみ》は罪《つみ》びとの死《し》を望《のぞ》まず、むしろ回心《かいしん》して生《い》きることを喜《よろこ》ばれます。信頼《しんらい》をもって神《かみ》の招《まね》きに応《こた》えましょう。

（または）

主《しゅ》イエスがあなたを受《う》け入《い》れてくださいますように。

義人《ぎじん》ではなく、罪《つみ》びとを招《まね》くために来《こ》られた主《しゅ》に信頼《しんらい》しなさい。

神《かみ》の言葉《ことば》

（時間的《じかんてき》にゆとりがあれば聖書《せいしょ》の一節《いっせつ》を読《よ》みます。秘跡《ひせき》は神《かみ》のはたらきですから、回心《かいしん》を呼《よ》びかけられる神《かみ》の言葉《ことば》に心《こころ》を開《ひら》きましょう。）

（司祭《しさい》、または告白《こくはく》する人《ひと》が読《よ》みます。）

マタイによる福音書《ふくいんしょ》 6・14―15

［イエスは言《い》われた。］「人《ひと》の過《あやま》ちを赦《ゆる》すなら、あなた方《がた》の天《てん》の父《ちち》もあなた方《がた》を赦《ゆる》してくださる。しかし、あなた方《がた》が人《ひと》

を赦《ゆる》さないなら、あなた方《がた》の父《ちち》も、あなた方《がた》の過《あやま》ちを赦《ゆる》して
くださらない」。

ルカによる福音書《ふくいんしょ》6・35―36

〔イエスは言《い》われた。〕「しかし、あなた方《がた》はあなた方《がた》の敵《てき》を
愛《あい》しなさい。人《ひと》に善《ぜん》を行《おこな》いなさい。また、何《なに》もあてにしないで
貸《か》しなさい。そうすれば、あなた方《がた》の報《むく》いは大《おお》きく、あなた方《がた》
は、いと高《たか》き方《かた》の子《こ》らとなる。いと高《たか》き方《かた》は、恩《おん》を知《し》らない者《もの》
にも悪人《あくにん》にも、情《なさ》けの深《ふか》い方《かた》だからである。あなた方《がた》の父《ちち》が憐《あわ》
れみ深《ぶか》いように、あなた方《がた》も憐《あわ》れみ深《ぶか》い者《もの》となりなさい」。

罪《つみ》の告白《こくはく》

司祭《しさい》　神《かみ》のいつくしみに信頼《しんらい》して、
あなたの罪《つみ》を告白《こくはく》してください。

（ここで自分《じぶん》の罪《つみ》を告白《こくはく》します。司祭《しさい》の理解《りかい》を助《たす》けるために必要《ひつよう》ならば、自分《じぶん》の身分《みぶん》や、この前《まえ》の告白《こくはく》の時期《じき》などを話《はな》します。告白《こくはく》の終《お》わりに次《つぎ》のように言《い》います。）

信者《しんじゃ》　今日《きょう》までの主《おも》な罪《つみ》を告白《こくはく》しました。
赦《ゆる》しをお願《ねが》いいたします。

勧《すす》めと償《つぐな》いの指示《しじ》

（司祭《しさい》は必要《ひつよう》に応《おう》じて助言《じょげん》を与《あた》え、罪《つみ》を悔《く》い改《あらた》めるよう勧《すす》めます。続《つづ》いて償《つぐな》いを指示《しじ》し、信者《しんじゃ》はそれを、罪《つみ》の償《つぐな》いと生活《せいかつ》の改善《かいぜん》のために受《う》け入《い》れます。）

悔《く》い改《あらた》めの祈《いの》り

司祭《しさい》　それでは神《かみ》の赦《ゆる》しを求《もと》め、心《こころ》から悔《く》い改《あらた》めの祈《いの》りを唱《とな》えてください。

（次《つぎ》のいずれかの祈《いの》りを唱《とな》えます。
従来《じゅうらい》の「痛悔《つうかい》の祈《いの》り」を唱《とな》えることもできます。）

神《かみ》よ、慈《いつく》しみによって、わたしを顧《かえり》み、
豊《ゆた》かな憐《あわ》れみによって、
わたしの咎《とが》を消《け》し去《さ》ってください。
悪《あく》に染《そ》まったわたしを洗《あら》い、
罪《つみ》に汚《けが》れたわたしを清《きよ》めてください。
（詩編《しへん》51）

（または）

神《かみ》よ、わたしはあなたに罪《つみ》を犯《おか》し、
悪《あく》を行《おこな》い、あなたに背《そむ》きました。
わたしの罪《つみ》を取《と》り去《さ》って、
わたしを洗《あら》い清《きよ》めてください。

父《ちち》の喜《よろこ》びをわたしに返《かえ》し、
あなたの息吹《いぶき》を送《おく》って、
喜《よろこ》び仕《つか》える心《こころ》を支《ささ》えてください。
罪《つみ》びとがあなたのもとに帰《かえ》るように、
わたしはあなたの道《みち》を歩《あゆ》みます。

（または）

お父《とう》さん、わたしは天《てん》に対《たい》しても、
あなたに対《たい》しても罪《つみ》を犯《おか》しました。
もうあなたの子《こ》と呼《よ》ばれる資格《しかく》はありません。
罪《つみ》びとのわたしを憐《あわ》れんでください。（ルカ15・18参照《さんしょう》）

（または）

神《かみ》よ、罪《つみ》びとであるわたしを憐《あわ》れんでください。（ルカ18・13参照《さんしょう》）

罪《つみ》の赦《ゆる》し

（司祭《しさい》は、赦《ゆる》しを求《もと》める人《ひと》の上《うえ》に両手《りょうて》（または右手《みぎて》）を伸《の》べて言《い》います。）

司祭《しさい》　全能《ぜんのう》の神《かみ》、あわれみ深《ぶか》い父《ちち》は、
御子《おんこ》キリストの死《し》と復活《ふっかつ》によって
世《よ》をご自分《じぶん》に立《た》ち返《かえ》らせ、

罪《つみ》の赦《ゆる》しのために聖霊《せいれい》を注《そそ》がれました。
神《かみ》が教会《きょうかい》の奉仕《ほうし》の務《つと》めを通《とお》して
あなたに赦《ゆる》しと平和《へいわ》を与《あた》えてくださいますように。
わたしは、父《ちち》と子《こ》と聖霊《せいれい》のみ名《な》によって、
✝あなたの罪《つみ》を赦《ゆる》します。

信者《しんじゃ》　アーメン

終《お》わりに

司祭《しさい》　罪《つみ》を赦《ゆる》してくださった神《かみ》に感謝《かんしゃ》をささげましょう。
喜《よろこ》びと平和《へいわ》のうちにお帰《かえ》りください。

（または）

神《かみ》に立《た》ち返《かえ》り、罪《つみ》を赦《ゆる》された人《ひと》は幸《しあわ》せです。

ご安心《あんしん》ください。

信者《しんじゃ》　ありがとうございます。

（司祭《しさい》のもとを辞去《じきょ》した後《のち》、神《かみ》に感謝《かんしゃ》の祈《いの》りをささげ、指示《しじ》された償《つぐな》いを果《は》たして、より熱心《ねっしん》に信仰生活《しんこうせいかつ》に進《すす》むよう努《つと》めましょう。）

ロザリオの祈《いの》り

（「光《ひかり》の神秘《しんぴ》」は162ページに掲載《けいさい》）

はじめに

「ロザリオの祈《いの》り」、はイエス・キリストの生涯《しょうがい》を黙想《もくそう》しながら、わたしたち一人《ひとり》ひとりの心《こころ》の母《はは》である聖母《せいぼ》マリアに心《こころ》を合《あ》わせて祈《いの》る信心《しんじん》です。一人《ひとり》で、家庭《かてい》で、また教会《きょうかい》の仲間《なかま》と共《とも》に祈《いの》ることが勧《すす》められます。

この祈《いの》りは、喜《よろこ》び（受肉《じゅにく》）、光《ひかり》（啓示《けいじ》）、苦《くる》しみ（受難《じゅなん》）、栄《さか》え（復活《ふっかつ》）の四《よっ》つの各神秘《かくしんぴ》に五《いつ》つずつ、計二十《けいにじゅう》の黙想《もくそう》から成《な》り立《た》っれています。一《ひと》つの黙想《もくそう》をするときには、ふつう、以下《いか》に記《しる》されている黙想《もくそう》への招《まね》きを初《はじ》めに唱《とな》え、続《つづ》いて「主《しゅ》の祈《いの》り」を一回《いっかい》、「アヴェ・マリアの祈《いの》り」を十回《じっかい》、結《むす》びに「栄唱《えいしょう》」を唱《とな》えます。

これが「一連《いちれん》」です。「五連《ごれん》」、すなわち各神秘《かくしんぴ》の五《いつ》つの黙想《もくそう》がまとまって「一環《いっかん》」になります。一日《いちにち》に一環《いっかん》を唱《とな》える場合《ばあい》は、「喜《よろこ》びの神秘《しんぴ》」を月曜日《げつようび》と土曜日《どようび》に、「光《ひかり》の神秘《しんぴ》」(162ページ)を木曜日《もくようび》に、「苦《くる》しみの神秘《しんぴ》」を火曜日《かようび》と金曜日《きんようび》に、「栄《さか》えの神秘《しんぴ》」を日曜日《にちようび》と水曜日《すいようび》に黙想《もくそう》するとよいでしょう。また、一環《いっかん》を続《つづ》けて唱《とな》える場合《ばあい》、その前《まえ》に「使徒信条《しとしんじょう》」、「主《しゅ》の祈《いの》り」、「アヴェ・マリアの祈《いの》り」(三回《さんかい》)、「栄唱《えいしょう》」を加《くわ》えることもできます。

「ロザリオ」とは、バラの冠《かんむり》という意味《いみ》で、「アヴェ・マリアの祈《いの》り」一《ひと》つひとつを一輪《いちりん》のバラと見《み》なすところからきています。

喜《よろこ》びの神秘《しんぴ》（受肉《じゅにく》の神秘《しんぴ》）

第一《だいいち》の黙想《もくそう》　マリア、神《かみ》のお告《つ》げを受《う》ける

マリアは、救《すく》い主《ぬし》の母《はは》になるとの神《かみ》のお告《つ》げを受《う》けて、「わたしは主《しゅ》のはしためです。お言葉通《ことばどお》り、なりますように」と答《こた》えます。

この一連《いちれん》をささげて、神《かみ》の呼《よ》びかけに信仰《しんこう》をもって応《こた》えることができるよう聖母《せいぼ》の取《と》り次《つ》ぎによって願《ねが》いましょう。

第二《だいに》の黙想《もくそう》　マリア、エリサベトを訪問《ほうもん》する

マリアはエリサベトを訪問《ほうもん》し、二人《ふたり》は聖霊《せいれい》に満《み》たされて神《かみ》の不思議《ふしぎ》なわざを賛美《さんび》します。

この一連《いちれん》をささげて、救《すく》いの訪《おとず》れをたたえ、喜《よろこ》び合《あ》う心《こころ》を聖母《せいぼ》の取《と》り次《つ》ぎによって願《ねが》いましょう。

第三《だいさん》の黙想《もくそう》　マリア、イエスを産《う》む

マリアは、旅先《たびさき》のベツレヘムでイエスを産《う》み、布《ぬの》にくるんで飼《か》い葉桶《ばおけ》に寝《ね》かせます。

この一連《いちれん》をささげて、神《かみ》の御子《おんこ》を迎《むか》え、礼拝《れいはい》する心《こころ》を聖母《せいぼ》の取《と》り次《つ》ぎによって願《ねが》いましょう。

第四《だいよん》の黙想《もくそう》　マリア、イエスをささげる

マリアとヨセフは神殿《しんでん》に行《ゆ》き、幼子《おさなご》イエスを御父《おんちち》にささげます。

この一連《いちれん》をささげて、毎日《まいにち》の生活《せいかつ》を神《かみ》に奉献《ほうけん》することができるよう聖母《せいぼ》の取《と》り次《つ》ぎによって願《ねが》いましょう。

第五《だいご》の黙想《もくそう》　マリア、イエスを見《み》いだす

マリアとヨセフは、見失《みうしな》ったイエスを三日目《みっかめ》に神殿《しんでん》で見《み》いだします。

この一連《いちれん》をささげて、日々《ひび》の生活《せいかつ》の中《なか》で主《しゅ》イエスを探《さが》し求《もと》める心《こころ》を聖母《せいぼ》の取《と》り次《つ》ぎによって願《ねが》いましょう。

苦《くる》しみの神秘《しんぴ》（受難《じゅなん》の神秘《しんぴ》）

第一《だいいち》の黙想《もくそう》　イエス、苦《くる》しみもだえる

ゲッセマネの園《その》でイエスは、苦《くる》しみもだえながらも、最後《さいご》まで御父《おんちち》のみ旨《むね》に従《したが》うことを決意《けつい》されます。

この一連《いちれん》をささげて、誘惑《ゆうわく》に陥《おちい》らないように目覚《めざ》めて祈《いの》る恵《めぐ》みを聖母《せいぼ》の取《と》り次《つ》ぎによって願《ねが》いましょう。

第二《だいに》の黙想《もくそう》　イエス、鞭打《むちう》たれる

不正《ふせい》な裁判《さいばん》を受《う》けたイエスは鞭打《むちう》たれ、ペトロにも裏切《うらぎ》られます。

この一連《いちれん》をささげて、イエスがペトロにあわれみの目《め》を向《む》けられたことを思《おも》い、罪《つみ》から立《た》ち上《あ》がる恵《めぐ》みを聖母《せいぼ》の取《と》り次《つ》ぎによって願《ねが》いましょう。

第三《だいさん》の黙想《もくそう》　イエス、茨《いばら》の冠《かんむり》をかぶせられる

イエスは死刑《しけい》の宣告《せんこく》を受《う》け、兵士《へいし》たちのなぶり者《もの》になり、茨《いばら》の冠《かんむり》をかぶせられます。

この一連《いちれん》をささげて、誤解《ごかい》や侮辱《ぶじょく》を恐《おそ》れずに信仰《しんこう》を生《い》きることができるよう聖母《せいぼ》の取《と》り次《つ》ぎによって願《ねが》いましょう。

第四《だいよん》の黙想《もくそう》　イエス、十字架《じゅうじか》を担《にな》う

主《しゅ》イエスは、十字架《じゅうじか》を担《にな》い、群衆《ぐんしゅう》のあざけりの中《なか》をゴルゴ夕の丘《おか》に向《む》かってお進《すす》みになります。
この一連《いちれん》をささげて、わたしたちも日々《ひび》、自分《じぶん》の十字架《じゅうじか》を担《にな》って主《しゅ》に従《したが》っていくことができるよう聖母《せいぼ》の取《と》り次《つ》ぎによって願《ねが》いましょう。

第五《だいご》の黙想《もくそう》　イエス、息《いき》をひきとる

十字架《じゅうじか》につけられた主《しゅ》イエスは、御父《おんちち》のみ旨《むね》を果《は》たして、息《いき》をひきとられます。
この一連《いちれん》をささげて、救《すく》いの恵《めぐ》みがすべての人《ひと》に与《あた》えられるよう聖母《せいぼ》の取《と》り次《つ》ぎによって願《ねが》いましょう。

栄《さか》えの神秘《しんぴ》（復活《ふっかつ》の神秘《しんぴ》）

第一《だいいち》の黙想《もくそう》　イエス、復活《ふっかつ》する

イエスは死《し》に打《う》ち勝《か》って復活《ふっかつ》し、新《あたら》しいいのちをお与《あた》えになります。

この一連《いちれん》をささげて、わたしたちが主《しゅ》と共《とも》に死《し》んで、その復活《ふっかつ》にもあずかることができるよう聖母《せいぼ》の取《と》り次《つ》ぎによって願《ねが》いましょう。

第二《だいに》の黙想《もくそう》　イエス、天《てん》に上《あ》げられる

復活《ふっかつ》された主《しゅ》イエスは、弟子《でし》たちの前《まえ》で天《てん》に上《あ》げられ、御《おん》父《ちち》の右《みぎ》の座《ざ》にお着《つ》きになります。

この一連《いちれん》をささげて、わたしたちが主《しゅ》の復活《ふっかつ》の証人《しょうにん》として生《い》きることができるよう聖母《せいぼ》の取《と》り次《つ》ぎによって願《ねが》いましょう。

第三《だいさん》の黙想《もくそう》　聖霊《せいれい》、使徒《しと》たちに降《くだ》る

主《しゅ》の約束《やくそく》の通《とお》り、マリアと共《とも》に祈《いの》っていた使徒《しと》たちの上《うえ》に聖霊《せいれい》が降《くだ》ります。

この一連《いちれん》をささげて、わたしたちが聖霊《せいれい》に満《み》たされ、いつも勇気《ゆうき》をもって救《すく》いの福音《ふくいん》を宣《の》べ伝《つた》える者《もの》となるよう聖母《せいぼ》の取《と》り次《つ》ぎによって願《ねが》いましょう。

第四《だいよん》の黙想《もくそう》　マリア、天《てん》の栄光《えいこう》に上《あ》げられる

神《かみ》は、御子《おんこ》の母《はは》マリアを体《からだ》も魂《たましい》も天《てん》の栄光《えいこう》に上《あ》げられました。

この一連《いちれん》をささげて、わたしたちも天《てん》の国《くに》を求《もと》め、永遠《えいえん》の喜《よろこ》びに入《はい》ることができるよう聖母《せいぼ》の取《と》り次《つ》ぎによって願《ねが》いましょう。

第五《だいご》の黙想《もくそう》　マリア、すべての人《ひと》の母《はは》となる

天《てん》の栄光《えいこう》に上《あ》げられたマリアは、キリストの救《すく》いにあずかるすべての人《ひと》の母《はは》となりました。

この一連《いちれん》をささげて、救《すく》いを求《もと》めるすべての人《ひと》が御子《おんこ》イエスのもとに導《みちび》かれるよう聖母《せいぼ》の取《と》り次《つ》ぎによって願《ねが》いましょう。

光《ひかり》の神秘《しんぴ》（啓示《けいじ》の神秘《しんぴ》）

第一《だいいち》の黙想《もくそう》　イエス、ヨルダン川《がわ》で洗礼《せんれい》を受《う》ける

イエスがヨルダン川で洗礼《せんれい》を受《う》けられると、聖霊《せいれい》が降《くだ》り

「あなたはわたしの愛《あい》する子《こ》」という御父《おんちち》の声《こえ》が聞《き》こえました。

この一連《いちれん》をささげて、洗礼《せんれい》の恵《めぐ》みを神《かみ》に感謝《かんしゃ》し、聖霊《せいれい》に導《みちび》かれて、神《かみ》の子《こ》として生《い》きることができるよう聖母《せいぼ》の取《と》り次《つ》ぎによって願《ねが》いましょう。

第二《だいに》の黙想《もくそう》　イエス、カナの婚礼《こんれい》で最初《さいしょ》のしるしを行《おこな》う

イエスは、母《はは》マリアのとりなしに応《こた》え、カナの婚礼《こんれい》で水《みず》をぶどう酒《しゅ》に変《か》えて、弟子《でし》たちの信《しん》じる心《こころ》を開《ひら》いてくださいました。

この一連《いちれん》をささげて、イエスへの信仰《しんこう》を深《ふか》めることができるよう聖母《せいぼ》の取《と》り次《つ》ぎを願《ねが》いましょう。

第三《だいさん》の黙想《もくそう》　イエス、神《かみ》の国《くに》の到来《とうらい》を告《つ》げ、人《ひと》びとを回心《かいしん》に招《まね》く

イエスは、神《かみ》の国《くに》の到来《とうらい》を告《つ》げ、人《ひと》びとを回心《かいしん》に招《まね》き、神《かみ》のいつくしみをあらわしてくださいました。

この一連《いちれん》をささげて、イエスの招《まね》きに応《こた》え、心《こころ》から悔《く》い改《あらた》めて、福音《ふくいん》を信《しん》じることができるよう聖母《せいぼ》の取《と》り次《つ》ぎによって願《ねが》いましょう。

第四《だいよん》の黙想《もくそう》　イエス、タボル山《ざん》で栄光《えいこう》の姿《すがた》をあらわす

イエスは、タボル山《ざん》で三人《さんにん》の弟子《でし》たちに栄光《えいこう》の姿《すがた》をあらわし、困難《こんなん》を乗《の》り越《こ》える希望《きぼう》の光《ひかり》を示《しめ》してくださいました。

この一連《いちれん》をささげて、主《しゅ》の変容《へんよう》を心《こころ》に刻《きざ》み、イエスに聞《き》き従《したが》うことができるよう聖母《せいぼ》の取《と》り次《つ》ぎよって願《ねが》いましょう。

第五《だいご》の黙想《もくそう》　イエス、最後《さいご》の晩《ばん》さんで聖体《せいたい》の秘跡《ひせき》を制定《せいてい》する

イエスは、最後《さいご》の晩《ばん》さんで、救《すく》いの犠牲《いけにえ》、永遠《えいえん》のいのちの糧《かて》として、パンとぶどう酒《しゅ》を用《もち》いて聖体《せいたい》の秘跡《ひせき》を定《さだ》め、人類《じんるい》に対《たい》する愛《あい》の記念《きねん》を残《のこ》してくださいました。

この一連《いちれん》をささげて、すべてを与《あた》え尽《つ》くされたイエスの愛《あい》に日々《ひび》倣《なら》うことができるよう聖母《せいぼ》の取《と》り次《つ》ぎによって願《ねが》いましょう。

十字架《じゅうじか》の道行《みちゆき》

はじめに

十字架《じゅうじか》の道行《みちゆき》は、イエス・キリストの受難《じゅなん》をしのび、黙想《もくそう》する信心《しんじん》です。各留《かくりゅう》に留《とど》まり、しばらく黙想《もくそう》し、順次《じゅんじ》巡《めぐ》って行《ゆ》きます。初《はじ》めと終《お》わり、また各留《かくりゅう》で適当《てきとう》な聖歌《せいか》を加《くわ》えるとよいでしょう。とくに四旬節中《しじゅんせっちゅう》の金曜日《きんようび》に、教会《きょうかい》などで一緒《いっしょ》に行《おこな》うようお勧《すす》めします。

初《はじ》めの祈《いの》り

先唱《せんしょう》　神《かみ》よ、わたしを力《ちから》づけ、
一同《いちどう》　急《いそ》いで助《たす》けに来《き》てください。
先唱《せんしょう》　栄光《えいこう》は父《ちち》と子《こ》と聖霊《せいれい》に。
一同《いちどう》　初《はじ》めのように今《いま》もいつも代々《よよ》に。アーメン。
（四旬節以外《しじゅんせついがい》には「アレルヤ」を加《くわ》える。）

先唱《せんしょう》　主《しゅ》イエス・キリストは神《かみ》の国《くに》の福音《ふくいん》を告《つ》げ、人《ひと》びとの救《すく》いを全《まっと》うするために十字架《じゅうじか》の道《みち》を歩《あゆ》み、復活《ふっかつ》の栄光《えいこう》に入《はい》られました。わたしたちも主《しゅ》の弟子《でし》として今《いま》、十字《じゅうじ》架《か》の道《みち》をたどり、その苦難《くなん》と復活《ふっかつ》の神秘《しんぴ》を黙想《もくそう》します。

一同《いちどう》　すべての人《ひと》の救《すく》いを望《のぞ》まれる神《かみ》よ、わたしたちを導《みちび》き、キリストと共《とも》に歩《あゆ》ませてください。

第一留《だいいちりゅう》　イエス、死刑《しけい》を宣告《せんこく》される

先唱《せんしょう》　主《しゅ》イエス・キリスト、あなたは尊《とうと》い十字架《じゅうじか》と栄《は》えある復活《ふっかつ》によって世界《せかい》を救《すく》ってくださいました。

一同《いちどう》　わたしたちはあなたを礼拝《れいはい》し、賛美《さんび》します。

先唱《せんしょう》　大祭司《だいさいし》カイアファの館《やかた》で不法《ふほう》な裁判《さいばん》をお受《う》けになったイエスは、ローマ総督《そうとく》ピラトの前《まえ》に引《ひ》いて行《ゆ》かれました。ピラトはイエスを釈放《しゃくほう》しようとしますが、ユダヤ人《じん》は長老《ちょうろう》たちにそそのかされて、イエスを十字架《じゅうじか》につけよと叫《さけ》びます。赤《あか》いマントを着《き》せられ、茨《いばら》の冠《かんむり》をかぶせられたイエスは、一言《ひとこと》も弁解《べんかい》なさらず、人《ひと》びとの憎《にく》しみの的《まと》になったまま死刑《しけい》を宣告《せんこく》されました。

一同《いちどう》　主《しゅ》イエス・キリスト、あなたは群衆《ぐんしゅう》の訴《うった》えやピラトの不正《ふせい》な宣告《せんこく》を忍《しの》ばれました。今《いま》あなたはご自分《じぶん》の死《し》をもってすべての人《ひと》が救《すく》いの恵《めぐ》みにあずかれるよう、望《のぞ》まれました。罪《つみ》と憎《にく》しみに打《う》ち勝《か》たれたあなたの愛《あい》の模範《もはん》に従《したが》って生《い》きることができるよう助《たす》けてください。

（しばらく沈黙《ちんもく》して黙想《もくそう》する。）

先唱《せんしょう》　主《しゅ》イエス・キリスト、

一同《いちどう》　信仰《しんこう》の弱《よわ》いわたしたちを助《たす》けてください。勇気《ゆうき》をもってあなたの道《みち》を歩《あゆ》み、神《かみ》と人《ひと》びとへの愛《あい》に生《い》きることができますように。アーメン。

第《だい》二《に》留《りゅう》　イエス、十字架《じゅうじか》を担《にな》う

先唱《せんしょう》　主《しゅ》イエス・キリスト、あなたは尊《とうと》い十字架《じゅうじか》と栄《は》えある復活《ふっかつ》によって世界《せかい》を救《すく》ってくださいました。

一同《いちどう》　わたしたちはあなたを礼拝《れいはい》し、賛美《さんび》します。

先唱《せんしょう》　死刑《しけい》を宣告《せんこく》された人《ひと》は刑場《けいじょう》まで自分《じぶん》の十字架《じゅうじか》をかついで行《い》かされました。イエスは、荒々《あらあら》しく負《お》わされた十字架《じゅうじか》を黙《だま》って受《う》けとめ、歩《ある》き始《はじ》められます。こうして、辱《はずかし》めと処罰《しょばつ》のしるしであった十字架《じゅうじか》は、救《すく》いと勝利《しょうり》をもたらすしるしとなりました。何《なに》も知《し》らない群《ぐん》衆《しゅう》はただイエスをあざけるばかりです。

一同《いちどう》　主《しゅ》イエス・キリスト、あなたは仰《おお》せになりました。「わたしについて来《き》たい者《もの》は、自分《じぶん》を捨《す》て、日々《ひび》、自分《じぶん》の十字架《じゅうじか》を背負《せお》って従《したが》いなさい。」人類《じんるい》の救《すく》いのために十字架《じゅうじか》を担《にな》って進《すす》まれるあなたに従《したが》い、わたしたちも自分《じぶん》の十字架《じゅうじか》を担《にな》って生《い》き、救《すく》いの喜《よろこ》びに至《いた》ることができますように。

（しばらく沈黙《ちんもく》して黙想《もくそう》する。）

先唱《せんしょう》　主《しゅ》イエス・キリスト、

一同《いちどう》　信仰《しんこう》の弱《よわ》いわたしたちを助《たす》けてください。勇気《ゆうき》をもってあなたの道《みち》を歩《あゆ》み、神《かみ》と人《ひと》びとへの愛《あい》に生《い》きることができますように。アーメン。

第三留《だいさんりゅう》　イエス、初《はじ》めて倒《たお》れる

先唱《せんしょう》　主《しゅ》イエス・キリスト、あなたは尊《とうと》い十字架《じゅうじか》と栄《は》えある復活《ふっかつ》によって世界《せかい》を救《すく》ってくださいました。

一同《いちどう》　わたしたちはあなたを礼拝《れいはい》し、賛美《さんび》します。

先唱《せんしょう》　昨夜《さくや》からのむごい仕打《しう》ちで痛《いた》めつけられたイエスに、

今《いま》はもう重《おも》い十字架《じゅうじか》を引《ひ》きずって石畳《いしだたみ》の道《みち》をたどる力《ちから》は残《のこ》っていません。足《あし》はよろめき、肩《かた》に食《く》い込《こ》む十字架《じゅうじか》に押《お》しつぶされて、思《おも》わずお倒《たお》れになりました。

一同《いちどう》　主《しゅ》イエス・キリスト、あなたは神《かみ》のみ心《こころ》に背《そむ》くわたしたちの罪《つみ》の重《おも》さを全身《ぜんしん》でお感《かん》じになりました。罪《つみ》を繰《く》り返《かえ》すうちにその恐《おそ》ろしさに鈍《にぶ》くなっているわたしたちが、自分《じぶん》の罪《つみ》の重《おも》さに気《き》づき、神《かみ》のみ前《まえ》に身《み》をかがめて赦《ゆる》しを願《ねが》うことができますように。

一同《いちどう》　（しばらく沈黙《ちんもく》して黙想《もくそう》する。）

信仰《しんこう》の弱《よわ》いわたしたちを助《たす》けてください。勇気《ゆうき》をもってあなたの道《みち》を歩《あゆ》み、神《かみ》と人《ひと》びとへの愛《あい》に生《い》きることができますように。

第四留《だいよんりゅう》　イエス、母《はは》マリアに出会《であ》う

先唱《せんしょう》　主《しゅ》イエス・キリスト、あなたは尊《とうと》い十字架《じゅうじか》と栄《は》えある復活《ふっかつ》によって世界《せかい》を救《すく》ってくださいました。

一同《いちどう》　わたしたちはあなたを礼拝《れいはい》し、賛美《さんび》します。

先唱《せんしょう》　イエスに向《む》けられた人《ひと》びとのあざけりと憎《にく》しみを、マリアも受《う》けます。神《かみ》の子《こ》の母《はは》が今《いま》、大罪人《だいざいにん》の母《はは》として辱《はずかし》めにさらされています。母《はは》マリアはわが子《こ》の苦難《くなん》を受《う》けとめ、「お言葉通《ことばどお》り、なりますように」と神《かみ》のみ手《て》にすべてを委《ゆだ》ねました。

一同《いちどう》　主《しゅ》イエス・キリスト、あなたは共《とも》に苦《くる》しむ母《はは》マリアを見《み》て、胸《むね》が裂《さ》けるような思《おも》いをなさいました。聖母《せいぼ》は御子《おんこ》の受難《じゅなん》の神秘《しんぴ》に心《こころ》を合《あ》わせて、この苦《くる》しみを耐《た》え忍《しの》びました。わたしたちも、悲《かな》しみの中《なか》でも新《あたら》しい恵《めぐ》みの世界《せかい》への希望《きぼう》をもち続《つづ》けることができますように。

（しばらく沈黙《ちんもく》して黙想《もくそう》する。）

先唱《せんしょう》　主《しゅ》イエス・キリスト、

一同《いちどう》　信仰《しんこう》の弱《よわ》いわたしたちを助《たす》けてください。勇気《ゆうき》をもってあなたの道《みち》を歩《あゆ》み、神《かみ》と人《ひと》びとへの愛《あい》に生《い》きることができますように。

第五留《だいごりゅう》　イエス、キレネのシモンの助《たす》けを受《う》ける

先唱《せんしょう》　主《しゅ》イエス・キリスト、あなたは尊《とうと》い十字架《じゅうじか》と栄《は》えある復活《ふっかつ》によって世界《せかい》を救《すく》ってくださいました。

一同《いちどう》　わたしたちはあなたを礼拝《れいはい》し、賛美《さんび》します。

先唱《せんしょう》　イエスの力《ちから》はもう尽《つ》き果《は》てたと見《み》た兵士《へいし》たちは、そこに居合《いあ》わせたキレネのシモンに、イエスに代《か》わって十字架《じゅうじか》を担《にな》わせました。シモンは、死刑《しけい》にされる囚人《しゅうじん》を助《たす》けるのは屈辱《くつじょく》と感《かん》じたことでしょう。心《こころ》ならずもイエスと一緒《いっしょ》に群衆《ぐんしゅう》のあざけりの的《まと》となったシモンは、後《のち》に主《しゅ》の教会《きょうかい》の一員《いちいん》となりました。

先唱《せんしょう》　主《しゅ》イエス・キリスト、あなたはわたしたちの予期《よき》しない出来事《できごと》を通《とお》しても、救《すく》いの恵《めぐ》みをお与《あた》えになります。

「わたしの軛《くびき》は負《お》いやすい」と言《い》われたあなたの言葉《ことば》を信頼《しんらい》して、日々《ひび》の重荷《おもに》を受《う》けとめる強《つよ》い信仰《しんこう》をお与《あた》えください。

（しばらく沈黙《ちんもく》して黙想《もくそう》する。）

先唱《せんしょう》　主《しゅ》イエス・キリスト、

一同《いちどう》　信仰《しんこう》の弱《よわ》いわたしたちを助《たす》けてください。勇気《ゆうき》をもってあなたの道《みち》を歩《あゆ》み、神《かみ》と人《ひと》びとへの愛《あい》に生《い》きることができますように。アーメン。

第六留《だいろくりゅう》　イエス、ベロニカより布《ぬの》を受《う》け取《と》る

先唱《せんしょう》　主《しゅ》イエス・キリスト、あなたは尊《とうと》い十字架《じゅうじか》と栄《は》えある復活《ふっかつ》によって世界《せかい》を救《すく》ってくださいました。

一同《いちどう》　わたしたちはあなたを礼拝《れいはい》し、賛美《さんび》します。

先唱《せんしょう》　ののしりを浴《あ》びせられ、血《ち》と汗《あせ》にまみれたイエスの顔《かお》は、苦痛《くつう》にゆがんでいます。誰一人同情《だれひとりどうじょう》を寄《よ》せようとしないそのとき、思《おも》いかけずベロニカという女性《じょせい》が進《すす》み出《で》て布《ぬの》を渡《わた》すと、イエスは顔《かお》をぬぐい、お返《かえ》しになりました。

一同《いちどう》　主《しゅ》イエス・キリスト、あなたは悲惨《ひさん》な状況《じょうきょう》の中《なか》でも、勇気《ゆうき》ある行動《こうどう》のできる人《ひと》を求《もと》めておられます。わたしたちもベロニカのように、人《ひと》の思《おも》わくを恐《おそ》れず、苦《くる》しみの淵《ふち》にある人《ひと》に同情《どうじょう》と救《すく》いの手《て》を差《さ》し出《だ》す勇気《ゆうき》をもつことができるよう、力《ちから》づけてください。

（しばらく沈黙《ちんもく》して黙想《もくそう》する。）

先唱《せんしょう》　主《しゅ》イエス・キリスト、

一同《いちどう》　信仰《しんこう》の弱《よわ》いわたしたちを助《たす》けてください。勇気《ゆうき》をもってあなたの道《みち》を歩《あゆ》み、神《かみ》と人《ひと》びとへの愛《あい》に生《い》きることができますように。アーメン。

第七留《だいななりゅう》　イエス、再《ふたた》び倒《たお》れる

先唱《せんしょう》　主《しゅ》イエス・キリスト、あなたは尊《とうと》い十字架《じゅうじか》と栄《は》えある復活《ふっかつ》によって世界《せかい》を救《すく》ってくださいました。

一同《いちどう》　わたしたちはあなたを礼拝《れいはい》し、賛美《さんび》します。

先唱《せんしょう》　イエスを追《お》い立《た》てる群衆《ぐんしゅう》の興奮《こうふん》はますます高《たか》まり、イエスを激《はげ》しくののしります。人《ひと》はどうしてこんなにも残酷《ざんこく》になれるのでしょうか。鞭《むち》を振《ふ》りかざす兵士《へいし》たちの暴力《ぼうりょく》に耐《た》えられず、イエスは力《ちから》尽《つ》きてお倒《たお》れになります。

一同《いちどう》　主《しゅ》イエス・キリスト、あなたは絶《た》え間《ま》なく続《つづ》く苦痛《くつう》のさなかで、もう肉体《にくたい》の限界《げんかい》にきたとお感《かん》じになったのでしょうか。弟子《でし》たちに「心《こころ》は燃《も》えても、肉体《にくたい》は弱《よわ》い」と仰《おお》せになったあなたは、もう一度《いちど》力《ちから》をふりしぼって歩《ある》き続《つづ》けられました。わたしたちも最後《さいご》まであなたの跡《あと》をたどることができますように。

（しばらく沈黙《ちんもく》して黙想《もくそう》する。）

先唱《せんしょう》　主《しゅ》イエス・キリスト、

一同《いちどう》　信仰《しんこう》の弱《よわ》いわたしたちを助《たす》けてください。勇気《ゆうき》をもってあなたの道《みち》を歩《あゆ》み、神《かみ》と人《ひと》びとへの愛《あい》に生《い》きることができますように。アーメン。

第八留《だいはちりゅう》　イエス、エルサレムの婦人《ふじん》を慰《なぐさ》める

先唱《せんしょう》　主《しゅ》イエス・キリスト、あなたは尊《とうと》い十字架《じゅうじか》と栄《は》えある復活《ふっかつ》によって世界《せかい》を救《すく》ってくださいました。

一同《いちどう》　わたしたちはあなたを礼拝《れいはい》し、賛美《さんび》します。

先唱《せんしょう》　ののしり続《つづ》ける群衆《ぐんしゅう》の中《なか》にも、嘆《なげ》き悲《かな》しみながらイエスについていく婦人《ふじん》たちがいました。イエスは婦人《ふじん》たちに向《む》かい、「わたしのために泣《な》くな。むしろ、自分《じぶん》

と自分《じぶん》の子供《こども》たちのために泣《な》け」と仰《おお》せになり、罪深《つみぶか》い自分自身《じぶんじしん》に涙《なみだ》するよう諭《さと》されました。

一同《いちどう》　主《しゅ》イエス・キリスト、あなたは罪《つみ》を知《し》らない方《かた》でありながら、罪《つみ》びとのように刑罰《けいばつ》をお受《う》けになりました。わたしたちこそ罰《ばつ》を受《う》け、生涯《しょうがい》をかけて罪《つみ》を償《つぐな》うはずの者《もの》です。自分《じぶん》を弁解《べんかい》しがちなわたしたちが、素直《すなお》に自分《じぶん》の姿《すがた》を見《み》つめ、御父《おんちち》のもとに立《た》ち返《かえ》ることができますように。

（しばらく沈黙《ちんもく》して黙想《もくそう》する。）

先唱《せんしょう》　主《しゅ》イエス・キリスト、

一同《いちどう》　信仰《しんこう》の弱《よわ》いわたしたちを助《たす》けてください。勇気《ゆうき》をもってあなたの道《みち》を歩《あゆ》み、神《かみ》と人《ひと》びとへの愛《あい》に生《い》きることができますように。アーメン。

第九留《だいきゅうりゅう》　イエス、三度倒《みたびたお》れる

先唱《せんしょう》　主《しゅ》イエス・キリスト、あなたは尊《とうと》い十字架《じゅうじか》と栄《は》えある復活《ふっかつ》によって世界《せかい》を救《すく》ってくださいました。

一同《いちどう》　わたしたちはあなたを礼拝《れいはい》し、賛美《さんび》します。

先唱《せんしょう》　ゴルゴタの丘《おか》はもう目《め》の前《まえ》ですが、イエスの体《からだ》には最《さい》後《ご》の一歩《いっぽ》を上《のぼ》り切《き》る力《ちから》もなく、お倒《たお》れになります。しかし、イエスは今一度《いまいちど》立《た》ち上《あ》がり、人《ひと》びとの救《すく》いを望《のぞ》まれる御父《おんちち》の計画《けいかく》が実現《じつげん》するよう、最後《さいご》の歩《あゆ》みをお続《つづ》けになります。

一同《いちどう》　主《しゅ》イエス・キリスト、あなたはどこまでも救《すく》い主《ぬし》の使《し》命《めい》を貫《つらぬ》かれます。三度《みたび》倒《たお》れても立《た》ち上《あ》がり、救《すく》いのわざを全《まっと》うされたあなたの愛《あい》の尊《とうと》さをわたしたちに悟《さと》らせてください。十字架《じゅうじか》を避《さ》けようとする心《こころ》をわたしたちから取《と》り除《のぞ》き、最後《さいご》まであなたの道《みち》を歩《あゆ》ませてください。

（しばらく沈黙《ちんもく》して黙想《もくそう》する。）

先唱《せんしょう》　主《しゅ》イエス・キリスト、信仰《しんこう》の弱《よわ》いわたしたちを助《たす》けてください。勇気《ゆうき》をもってあなたの道《みち》を歩《あゆ》み、神《かみ》と人《ひと》びとへの愛《あい》に生《い》きることができますように。

一同《いちどう》　アーメン。

第十留《だいじゅうりゅう》　イエス、衣《ころも》をはがされる

先唱《せんしょう》　主《しゅ》イエス・キリスト、あなたは尊《とうと》い十字架《じゅうじか》と栄《は》えある復活《ふっかつ》によって世界《せかい》を救《すく》ってくださいました。

一同《いちどう》　わたしたちはあなたを礼拝《れいはい》し、賛美《さんび》します。

先唱《せんしょう》　刑場《けいじょう》に着《つ》くと、兵士《へいし》たちは、血《ち》に染《そ》まったイエスの衣《ころも》を乱暴《らんぼう》にはぎ取《と》りました。上着《うわぎ》は四《よっ》つに分《わ》けて、一《ひと》つずつ取《と》り、下着《したぎ》は一枚《いちまい》織《お》りで縫《ぬ》い目《め》がなかったので、裂《さ》かずに、誰《だれ》のものになるか、くじで決《き》めました。

一同《いちどう》　主《しゅ》イエス・キリスト、あなたは死《し》の間際《まぎわ》に、すべてを奪《うば》われ、人間《にんげん》らしい扱《あつか》いも受《う》けず、「屠《ほふ》り場《ば》に引《ひ》かれる子羊《こひつじ》のように、毛《け》を切《き》る者《もの》の前《まえ》に物《もの》を言《い》わない羊《ひつじ》のように、口《くち》を開《ひら》かず」、ただじっと耐《た》え忍《しの》ばれました。

主《しゅ》よ、あなたの受《う》けた傷《きず》によってわたしたちを癒《い》やしてください。

（しばらく沈黙《ちんもく》して黙想《もくそう》する。）

先唱《せんしょう》　主《しゅ》イエス・キリスト、

一同《いちどう》　信仰《しんこう》の弱《よわ》いわたしたちを助《たす》けてください。勇気《ゆうき》をもってあなたの道《みち》を歩《あゆ》み、神《かみ》と人《ひと》びとへの愛《あい》に生《い》きることができますように。アーメン。

第十一留《だいじゅういちりゅう》　イエス、十字架《じゅうじか》につけられる

先唱《せんしょう》　主《しゅ》イエス・キリスト、あなたは尊《とうと》い十字架《じゅうじか》と栄《は》えある復活《ふっかつ》によって世界《せかい》を救《すく》ってくださいました。

一同《いちどう》　わたしたちはあなたを礼拝《れいはい》し、賛美《さんび》します。

先唱《せんしょう》　兵士《へいし》たちはイエスを十字架《じゅうじか》に釘《くぎ》づけにし、また二人《ふたり》の犯罪人《はんざいにん》もイエスの右《みぎ》と左《ひだり》に十字架《じゅうじか》につけました。そのときイエスは、「父《ちち》よ、かれらをお赦《ゆる》しください。自分が何《なに》をしているのか知《し》らないのです」と祈《いの》られました。犯罪人《はんざいにん》の一人《ひとり》が、「イエスよ、あなたのみ国《くに》にお

いでになるときには、わたしを思《おも》い出《だ》してください」と願《ねが》うと、イエスは、「あなたは今日《きょう》、わたしと一緒《いっしょ》に楽園《らくえん》にいる」と仰《おお》せになりました。

一同《いちどう》　主《しゅ》イエス・キリスト、旧約《きゅうやく》の預言者《よげんしゃ》イザヤはすでにあなたについてこう預言《よげん》しました。「かれは自《みずか》らをなげうち、死《し》んで、罪《つみ》びとの一人《ひとり》に数《かぞ》えられた。多《おお》くの人《ひと》の過《あやま》ちを担《にな》い、背《そむ》いた者《もの》のために執《と》り成《な》した。」まさにあなたは、「正《ただ》しい人《ひと》を招《まね》くためではなく、罪《つみ》びとを招《まね》いて悔《く》い改《あらた》めさせるため」においでになったのです。主《しゅ》よ、あなたのあわれみのまなざしをわたしたちに注《そそ》ぎ、回心《かいしん》に導《みちび》いてください。

(しばらく沈黙《ちんもく》して黙想《もくそう》する。)

先唱《せんしょう》　主《しゅ》イエス・キリスト、

一同《いちどう》　信仰《しんこう》の弱《よわ》いわたしたちを助《たす》けてください。勇気《ゆうき》をもってあなたの道《みち》を歩《あゆ》み、神《かみ》と人《ひと》びとへの愛《あい》に生《い》きることができますように。アーメン。

第十二留《だいじゅうにりゅう》　イエス、十字架上《じゅうじかじょう》で息《いき》をひきとる

先唱《せんしょう》　主《しゅ》イエス・キリスト、あなたは尊《とうと》い十字架《じゅうじか》と栄《は》えある

復活《ふっかつ》によって世界《せかい》を救《すく》ってくださいました。

一同《いちどう》　わたしたちはあなたを礼拝《れいはい》し、賛美《さんび》します。

先唱《せんしょう》　昼《ひる》の十二時《じゅうにじ》から暗《くら》やみが全地《ぜんち》を覆《おお》い、三時《さんじ》ごろにイエスは大声《おおごえ》で、「わが神《かみ》、わが神《かみ》、なぜわたしをお見捨《みす》てになったのですか」と叫《さけ》ばれました。また、かたわらに母《はは》マリアと愛《あい》する弟子《でし》が立《た》っているのを見《み》て、「婦人《ふじん》よ、ご覧《らん》なさい。あなたの子《こ》です」「見《み》なさい。あなたの母《はは》です」と仰《おお》せになり、最後《さいご》に、「成《な》し遂《と》げられた」と言《い》って頭《こうべ》を垂《た》れ、息《いき》をひきとられました。

一同《いちどう》　主《しゅ》イエス・キリスト、あなたは十字架上《じゅうじかじょう》で御父《おんちち》の望《のぞ》みを全《まっと》うされました。み心《こころ》を行《おこな》うことは、この世《よ》にお生《う》まれになったときからのあなたのただ一《ひと》つの願《ねが》いでした。あなたの死《し》は御父《おんちち》への愛《あい》と従順《じゅうじゅん》、そしてわたしたちに永遠《えいえん》のいのちを与《あた》えるための死《し》でした。主《しゅ》よ、あなたの奉献《ほうけん》に合《あ》わせてわたしたちも全生涯《ぜんしょうがい》をささげます。

（しばらく沈黙《ちんもく》して黙想《もくそう》する。）

先唱《せんしょう》　主《しゅ》イエス・キリスト、

一同《いちどう》　信仰《しんこう》の弱《よわ》いわたしたちを助《たす》けてください。勇気《ゆうき》をもってあなたの道《みち》を歩《あゆ》み、神《かみ》と人《ひと》びとへの愛《あい》に生《い》きることができますように。アーメン。

第十三留《だいじゅうさんりゅう》　イエス、十字架《じゅうじか》から降《お》ろされる

先唱《せんしょう》　主《しゅ》イエス・キリスト、あなたは尊《とうと》い十字架《じゅうじか》と栄《は》えある復活《ふっかつ》によって世界《せかい》を救《すく》ってくださいました。

一同《いちどう》　わたしたちはあなたを礼拝《れいはい》し、賛美《さんび》します。

先唱《せんしょう》　大《おお》きな出来事《できごと》の後《のち》、あたりは静《しず》けさに包《つつ》まれています。三人《さんにん》の脚《あし》を折《お》るために兵士《へいし》が来《き》ます。イエスはすでに

死《し》んでおられたので脚《あし》を折《お》らず、槍《やり》でイエスの脇腹《わきばら》を突《つ》き刺《さ》すと、すぐに血《ち》と水《みず》が流《なが》れ出《で》ました。安息日《あんそくじつ》の準備《じゅんび》のときが近《ちか》づいていたので、アリマタヤのヨセフが急《いそ》いでイエスの遺体《いたい》を降《お》ろしました。

一同《いちどう》　主《しゅ》イエス・キリスト、あなたはかつてナインの若者《わかもの》やラザロを生《い》き返《かえ》らせ、預言者《よげんしゃ》とたたえられました。しかし今《いま》、あなたはご自身《じしん》のために何《なに》もなさいません。いのちの与《あた》え主《ぬし》であるあなたはいのちを奪《うば》われ、中風《ちゅうぶ》の人《ひと》を立《た》ち上《あ》がらせたあなたは地《ち》に伏《ふ》したままです。「死《し》に至《いた》るまで、しかも十字架《じゅうじか》の死《し》に至《いた》るまで従《したが》う者《もの》となり、自分《じぶん》をむなしくされた」のです。

（しばらく沈黙《ちんもく》して黙想《もくそう》する。）

先唱《せんしょう》　主《しゅ》イエス・キリスト、

一同《いちどう》　信仰《しんこう》の弱《よわ》いわたしたちを助《たす》けてください。勇気《ゆうき》をもってあなたの道《みち》を歩《あゆ》み、神《かみ》と人《ひと》びとへの愛《あい》に生《い》きることができますように。アーメン。

第十四留《だいじゅうよんりゅう》　イエス、墓《はか》に葬《ほうむ》られる

先唱《せんしょう》　主《しゅ》イエス・キリスト、あなたは尊《とうと》い十字架《じゅうじか》と栄《は》えある

一同《いちどう》　復活《ふっかつ》によって世界《せかい》を救《すく》ってくださいました。わたしたちはあなたを礼拝《れいはい》し、賛美《さんび》します。

先唱《せんしょう》　イエスの体《からだ》は亜麻布《あまぬの》に包《つつ》まれ、近《ちか》くにあった新《あたら》しい墓《はか》に葬《ほうむ》られました。数人《すうにん》の婦人《ふじん》たちが埋葬《まいそう》に立《た》ち会《あ》い、墓《はか》の入《い》り口《ぐち》には大《おお》きな石《いし》を転《ころ》がし、後《あと》に心《こころ》を残《のこ》して去《さ》っていきました。

一同《いちどう》　主《しゅ》イエス・キリスト、あなたは園《その》の新《あたら》しい墓《はか》に横《よこ》たわり、死《し》の眠《ねむ》りについておられます。神《かみ》が世界《せかい》を造《つく》られたときも、すべてを成《な》し遂《と》げて七日目《なのかめ》にお休《やす》みになりました。今《いま》、天地《てんち》は過《す》ぎ去《さ》ったように見《み》えますが、新《あたら》しい週《しゅう》の第一日《だいいちにち》が始《はじ》まろうとしています。あなたは死《し》に打《う》ち勝《か》って復活《ふっかつ》し、世界《せかい》の隅々《すみずみ》まで神《かみ》の栄光《えいこう》が輝《かがや》きわたります。主《しゅ》よ、永遠《えいえん》に朽《く》ちることのないいのちをわたしたちに与《あた》え、いつまでもあなたのうちに留《とど》まらせてください。

（しばらく沈黙《ちんもく》して黙想《もくそう》する。）

先唱《せんしょう》　主《しゅ》イエス・キリスト、

一同《いちどう》　信仰《しんこう》の弱《よわ》いわたしたちを助《たす》けてください。勇気《ゆうき》をもってあなたの道《みち》を歩《あゆ》み、神《かみ》と人《ひと》びとへの愛《あい》に生《い》きることができますように。アーメン。

十字架賛歌《じゅうじかさんか》（聖金曜日《せいきんようび》の典礼《てんれい》より）

主《しゅ》の十字架《じゅうじか》をあがめ、尊《とうと》み、その復活《ふっかつ》をたたえよう。
見《み》よ、この木《き》によって、あまねく世界《せかい》に喜《よろこ》びが来《き》た。
神《かみ》よ、あわれみと祝福《しゅくふく》をわたしたちに、
その光《ひかり》を輝《かがや》かせ、わたしたちにあわれみを。
主《しゅ》の十字架《じゅうじか》をあがめ、尊《とうと》み、その復活《ふっかつ》をたたえよう。
見《み》よ、この木《き》によって、あまねく世界《せかい》に喜《よろこ》びが来《き》た。

主《しゅ》の祈《いの》り

先唱《せんしょう》　主《しゅ》が教《おし》えてくださった祈《いの》りを唱《とな》えましょう。

一同《いちどう》　天《てん》におられるわたしたちの父《ちち》よ、み名《な》が聖《せい》とされますように。み国《くに》が来《き》ますように。みこころが天《てん》に行《おこな》われるとおり地《ち》にも行《おこな》われますように。わたしたちの日《ひ》ごとの糧《かて》を今日《きょう》もお与《あた》えください。わたしたちの罪《つみ》をおゆるしください。わたしたちも人《ひと》をゆるします。わたしたちを誘惑《ゆうわく》におちいらせず、悪《あく》からお救《すく》いください。アーメン。

結《むす》びの祈《いの》り

先唱《せんしょう》　いつくしみ深《ふか》い父《ちち》よ、今《いま》、十字架《じゅうじか》の道《みち》をたどったわたしたちは、あなたの愛《あい》の大《おお》きさを知《し》ることができました。わたしたちが日々《ひび》の生活《せいかつ》の中《なか》で、主《しゅ》キリストの生涯《しょうがい》に倣《なら》い、あなたと人《ひと》びとへの愛《あい》を証《あか》しして、永遠《えいえん》の復活《ふっかつ》の喜《よろこ》びに至《いた》ることができますように。わたしたちの主《しゅ》イエス・キリストによって。

一同《いちどう》　アーメン。

先唱《せんしょう》　全能永遠《ぜんのうえいえん》の神《かみ》、父《ちち》と子《こ》と聖霊《せいれい》がわたしたちを祝福《しゅくふく》し、すべての悪《あく》から守《まも》り、永遠《えいえん》のいのちに導《みちび》いてくださいますように。

一同《いちどう》　アーメン。

先唱《せんしょう》　賛美《さんび》と感謝《かんしゃ》のうちに。

一同《いちどう》　アーメン。

（司祭《しさい》または助祭《じょさい》が司式《しき》する場合《ばあい》）

司祭《しさい》　主《しゅ》は皆《みな》さんとともに。

一同《いちどう》　またあなたとともに。

司祭《しさい》　全能《ぜんのう》の神《かみ》、父《ちち》と子《こ》と聖霊《せいれい》の祝福《しゅくふく》が皆《みな》さんの上《うえ》にありますように。

一同《いちどう》　アーメン。

司祭《しさい》　十字架《じゅうじか》の道行《みちゆき》を終《お》わります。行《ゆ》きましょう、主《しゅ》の平和《へいわ》のうちに。

一同《いちどう》　神《かみ》に感謝《かんしゃ》。

連《れん》願《がん》

連願《れんがん》は、一人《ひとり》が先唱《せんしょう》し、会衆《かいしゅう》が短《みじか》い繰《く》り返《かえ》しの言葉《ことば》で応《こた》えていく形式《けいしき》の祈《いの》りです。今《いま》も洗礼式《せんれいしき》などで用《もち》いられている諸聖《しょせい》人《じん》の連願《れんがん》がもっとも古《ふる》く、代表的《だいひょうてき》なものですが、中世以降《ちゅうせいいこう》、聖《せい》マリアの連願《れんがん》、イエスのみ名《な》の連願《れんがん》、イエスのみ心《こころ》の連願《れんがん》、聖《せい》ヨセフの連願《れんがん》がつくられました。新《あたら》しい聖《せい》マリアの連願《れんがん》には、一九八九年《ねん》の一般公募《いっぱんこうぼ》の際《さい》に全国《ぜんこく》の信者《しんじゃ》の皆《みな》さんから寄《よ》せられたものも含《ふく》まれています。

教皇庁典礼秘跡省《きょうこうちょうてんれいひせきしょう》からの通達《つうたつ》を受《う》けて常任司教委員会《じょうにんしきょういいんかい》は

二〇二〇年《ねん》十月《がつ》、「聖《せい》マリアの連願《れんがん》」に新《あら》たに三《みっ》つの呼《よ》びかけを挿入《そうにゅう》すると共《とも》に、「キリシタン発見《はっけん》の聖《せい》マリア」を「日本《にほん》の信徒《しんと》発見《はっけん》の聖《せい》マリア」としました。さらに二〇二一年《ねん》二月《がつ》には、新《あたら》しい口語《こうご》の「聖《せい》ヨセフの連願《れんがん》」を承認《しょうにん》しました。

イエスのみ名《な》の連願《れんがん》（文語《ぶんご》）

主《しゅ》あわれみたまえ。
▲キリスト、あわれみたまえ。
主《しゅ》あわれみたまえ。
イエスわれらの祈《いの》りを聞《き》きたまえ。
▲イエスわれらの祈《いの》りを聞《き》き入《い》れたまえ。

▲われらをあわれみたまえ。

天主《てんしゅ》なる御父《おんちち》　同

天主《てんしゅ》にして世《よ》の贖《あがな》い主《ぬし》なる御子《おんこ》　同

天主《てんしゅ》なる聖霊《せいれい》　同

唯一《ゆいいつ》の天主《てんしゅ》なる聖三位《せいさんみ》　同

生《い》ける天主《てんしゅ》の御子《おんこ》なるイエス　同

御父《おんちち》の輝《かがや》きなるイエス　同

永遠《えいえん》の光明《こうみょう》なるイエス　同

栄《さか》えの王《おう》なるイエス　同

正義《せいぎ》の太陽《たいよう》なるイエス　同

童貞《どうてい》マリアの御子《おんこ》なるイエス　同

愛《あい》すべきイエス　同

感《かん》ずべきイエス　▲われらをあわれみたまえ。
大能《たいのう》の天主《てんしゅ》なるイエス　同
来世《らいせ》の父《ちち》なるイエス　同
御計画《ごけいかく》の使者《ししゃ》なるイエス　同
いとも力《ちから》あるイエス　同
いとも堅忍《けんにん》なるイエス　同
いとも従順《じゅうじゅん》なるイエス　同
心《こころ》の柔和《にゅうわ》、謙遜《けんそん》なるイエス　同
操《みさお》をよみするイエス　同
われらを愛《あい》するイエス　同
平和《へいわ》の天主《てんしゅ》なるイエス　同

いのちの源《みなもと》なるイエス　　同
善徳《ぜんとく》の鑑《かがみ》なるイエス　　同
霊魂《れいこん》を深《ふか》く愛《あい》したもうイエス　　同
われらの天主《てんしゅ》なるイエス　　同
われらの拠《よ》り頼《たの》みたてまつるイエス　　同
貧《まず》しき者《もの》の父《ちち》なるイエス　　同
信者《しんじゃ》の宝《たから》なるイエス　　同
善《よ》き牧者《ぼくしゃ》なるイエス　　同
まことの光《ひかり》なるイエス　　同
永遠《えいえん》の知《ち》なるイエス　　同
限《かぎ》りなく仁慈《じんじ》なるイエス　　同

われらの道《みち》といのちなるイエス
▲われらをあわれみたまえ。

天使《てんし》の喜《よろこ》びなるイエス　同
太祖《たいそ》の王《おう》なるイエス　同
使徒《しと》の師《し》なるイエス　同
福音史家《ふくいんしか》の師《し》なるイエス　同
殉教者《じゅんきょうしゃ》の力《ちから》なるイエス　同
証聖者《しょうせいしゃ》の光明《こうみょう》なるイエス　同
童貞者《どうていしゃ》の清浄《しょうじょう》の源《みなもと》なるイエス　同
諸聖人《しょせいじん》の冠《かんむり》なるイエス　同
御《おん》あわれみを垂《た》れて
▲イエスわれらを赦《ゆる》したまえ。

御《おん》あわれみを垂《た》れて

▲イエスわれらの祈《いの》りを聞《き》き入《い》れたまえ。

▲イエスわれらを救《すく》いたまえ。

すべての悪《あく》より　同

すべての罪《つみ》より　同

御怒《おんいか》りより　同

悪魔《あくま》のわなより　同

邪淫《じゃいん》の心《こころ》より　同

終《お》わりなき死《し》より　同

御勧《おんすす》めをないがしろにする心《こころ》より　同

聖《せい》なる御託身《ごたくしん》の玄義《げんぎ》によりて　同

御誕生《ごたんじょう》によりて　同

御幼年《ごようねん》によりて

▲イエスわれらを救《すく》いたまえ。

いとも神聖《しんせい》なる御生活《ごせいかつ》によりて　同

御労働《ごろうどう》によりて　同

御苦《おんくる》しみと御受難《ごじゅなん》とによりて　同

主《しゅ》の十字架《じゅうじか》と遺棄《いき》とによりて　同

御死苦《ごしく》によりて　同

御死去《ごしきょ》と御葬《おんほうむ》りとによりて　同

御復活《ごふっかつ》によりて　同

御昇天《ごしょうてん》によりて　同

聖体《せいたい》の御制定《ごせいてい》によりて　同

御喜《おんよろこ》びによりて　同

御栄《おんさか》えによりて　　同

世《よ》の罪《つみ》を除《のぞ》きたもう天主《てんしゅ》の子羊《こひつじ》

▲イエスわれらを赦《ゆる》したまえ。

世《よ》の罪《つみ》を除《のぞ》きたもう天主《てんしゅ》の子羊《こひつじ》

▲イエスわれらの祈《いの》りを聞《き》き入《い》れたまえ。

世《よ》の罪《つみ》を除《のぞ》きたもう天主《てんしゅ》の子羊《こひつじ》

▲イエスわれらをあわれみたまえ。

イエスわれらの祈《いの》りを聞《き》きたまえ。

▲イエスわれらの祈《いの》りを聞《き》き入《い》れたまえ。

祈願《きがん》　主《しゅ》イエス・キリスト、主《しゅ》は『なんじら求《もと》めよ、さらば与《あた》えられん。尋《たず》ねよ、さらば見《み》いださん、たたけよ、さらば開《ひら》かれん』と宣《のたま》えり。こい願《ねが》わくは、われらをして主《しゅ》のいと神聖《しんせい》なる愛《あい》に感《かん》ぜしめ、専《もっぱ》ら心《こころ》と言葉《ことば》と行《おこな》いとをもって主《しゅ》を愛《あい》し、絶《た》えず賛美《さんび》するを得《え》しめたまえ。

主《しゅ》よ、御身《おんみ》は御慈愛《ごじあい》によりて造《つく》りたまいしわれらを司《つかさど》りたまえば、願《ねが》わくはわれらをして、常《つね》に聖名《みな》を敬《うやま》い愛《あい》せしめたまえ。

とこしえに生《い》きかつしろしめしたもう主《しゅ》に願《ねが》いたてまつる。アーメン。

イエスのみ心《こころ》の連願《れんがん》（文語《ぶんご》）

主《しゅ》あわれみたまえ。　▲キリストあわれみたまえ。
主《しゅ》あわれみたまえ。
キリストわれらの祈《いの》りを聞《き》きたまえ。
▲キリストわれらの祈《いの》りを聞《き》き入《い》れたまえ。
天主《てんしゅ》なる御父《おんちち》　▲われらをあわれみたまえ。
天主《てんしゅ》にして世《よ》の贖《あがな》い主《ぬし》なる御子《おんこ》　同
天主《てんしゅ》なる聖霊《せいれい》　同
唯一《ゆいいつ》の天主《てんしゅ》なる聖三位《せいさんみ》　同
永遠《えいえん》の聖父《ちち》の御子《おんこ》なるイエスのみ心《こころ》　同

聖霊《せいれい》によりて童貞母《どうていぼ》の御胎内《ごたいない》に造《つく》られたる
イエスのみ心《こころ》　▲われらをあわれみたまえ。
天主《てんしゅ》の御言葉《おんことば》と合体《がったい》せるイエスのみ心《こころ》　同
限《かぎ》りなき威光《いこう》あるイエスのみ心《こころ》　同
天主《てんしゅ》の聖堂《せいどう》なるイエスのみ心《こころ》　同
いと高《たか》き御者《おんもの》の住居《すまい》なるイエスのみ心《こころ》　同
天主《てんしゅ》の家《いえ》、天《てん》の門《もん》なるイエスのみ心《こころ》　同
愛熱《あいねつ》の燃《も》ゆるかまどなるイエスのみ心《こころ》　同
義《ぎ》と愛《あい》との宝蔵《ほうぞう》なるイエスのみ心《こころ》　同
いつくしみと愛《あい》とに満《み》ち満《み》てるイエスのみ心《こころ》　同
よろずの徳《とく》の淵《ふち》なるイエスのみ心《こころ》　同

いともほめたとうべきイエスのみ心《こころ》　　同

すべての心《こころ》の王《おう》にしてかつ中心《ちゅうしん》なる

イエスのみ心《こころ》　　同

英知《えいち》と知識《ちしき》のすべての宝《たから》を含《ふく》めるイエスのみ心《こころ》　　同

神性《しんせい》の満《み》ち満《み》てるイエスのみ心《こころ》　　同

御父《おんちち》の御旨《みむね》に適《かな》いたもうイエスのみ心《こころ》　　同

われらに聖寵《せいちょう》のあふれをこうむらせたもう

イエスのみ心《こころ》　　同

永遠《えいえん》の丘《おか》の希望《きぼう》なるイエスのみ心《こころ》　　同

忍耐《にんたい》と慈悲《じひ》とに富《と》めるイエスのみ心《こころ》　　同

すべて拠《よ》り頼《たの》む者《もの》に対《たい》して恵《めぐ》み豊《ゆた》かなる
イエスのみ心《こころ》　▲われらをあわれみたまえ。
いのちと聖徳《せいとく》との泉《いずみ》なるイエスのみ心《こころ》　同
われらの罪《つみ》の贖《あがな》いなるイエスのみ心《こころ》　同
辱《はずかし》めに飽《あ》かされたるイエスのみ心《こころ》　同
われらの罪《つみ》のために砕《くだ》かれたるイエスのみ心《こころ》　同
死《し》に至《いた》るまで従順《じゅうじゅん》なりしイエスのみ心《こころ》　同
槍《やり》にて貫《つらぬ》かれたるイエスのみ心《こころ》　同
すべての慰《なぐさ》めの泉《いずみ》なるイエスのみ心《こころ》　同
われらのいのちと復活《ふっかつ》なるイエスのみ心《こころ》　同
われらの平安《へいあん》と和睦《わぼく》なるイエスのみ心《こころ》　同

罪《つみ》びとの犠牲《いけにえ》なるイエスのみ心《こころ》　同

御身《おんみ》に希望《きぼう》したてまつる者《もの》の救《すく》いなる

イエスのみ心《こころ》　同

御身《おんみ》によりて死《し》する者《もの》の希望《きぼう》なるイエスのみ心《こころ》　同

諸聖人《しょせいじん》の楽《たの》しみなるイエスのみ心《こころ》　同

世《よ》の罪《つみ》を除《のぞ》きたもう天主《てんしゅ》の子羊《こひつじ》

▲主《しゅ》われら赦《ゆる》したまえ。

世《よ》の罪《つみ》を除《のぞ》きたもう天主《てんしゅ》の子羊《こひつじ》

▲主《しゅ》われらの祈《いの》りを聞《き》き入《い》れたまえ。

世《よ》の罪《つみ》を除《のぞ》きたもう天主《てんしゅ》の子羊《こひつじ》

▲われらをあわれみたまえ。

心《こころ》の柔和謙遜《にゅうわけんそん》なるイエス
▲われらの心《こころ》をみ心《こころ》にあやからしめたまえ。

祈願《きがん》　全能永遠《ぜんのうえいえん》にましますす天主《てんしゅ》、いといつくしみたもう御《おん》子《こ》のみ心《こころ》をみそなわし、罪《つみ》びとのために主《しゅ》のささげたもう賛《さん》美《び》と償《つぐの》いとを顧《かえり》みたまいて、これになだめられ、御《おん》あわれみを求《もと》めたてまつる者《もの》に赦《ゆる》しを賜《たま》わらんことを。聖霊《せいれい》と共《とも》にとこしえに生《い》きかつしろしめしたもう天主《てんしゅ》なる御子《おんこ》イエス・キリストのみ名《な》によりて願《ねが》いたてまつる。
▲アーメン。

聖《せい》マリアの連願《れんがん》

(先唱者《せんしょうしゃ》)　(会衆《かいしゅう》)

主《しゅ》よ、あわれんでください。　▲主《しゅ》よ、あわれんでください。

キリスト、あわれんでください。　▲キリスト、あわれんでください。

主《しゅ》よ、あわれんでください。　▲主《しゅ》よ、あわれんでください。

神《かみ》の母聖《ははせい》マリア　▲わたしたちのために祈《いの》ってください。

救《すく》い主《ぬし》の母聖《ははせい》マリア　同

無原罪《むげんざい》の聖《せい》マリア　同

世《よ》の救《すく》いの協力者聖《きょうりょくしゃせい》マリア　▲わたしたちのために
祈《いの》ってください。
天《てん》の栄光《えいこう》に上《あ》げられた聖《せい》マリア　同
あわれみの母聖《ははせい》マリア　同
恵《めぐ》みあふれる聖《せい》マリア　同
希望《きぼう》の母聖《ははせい》マリア　同
人類《じんるい》の母聖《ははせい》マリア　同
教会《きょうかい》の母聖《ははせい》マリア　同
使徒《しと》たちの母聖《ははせい》マリア　同
殉教者《じゅんきゅうしゃ》の母聖《ははせい》マリア　同
諸聖人《しょせいじん》の母聖《ははせい》マリア　同

宣教者《せんきょうしゃ》の母聖《ははせい》マリア　同
平和《へいわ》の守護者聖《しゅごしゃせい》マリア　同
尊《とうと》いロザリオの聖《せい》マリア　同
日本《にほん》の信徒発見《しんとはっけん》の聖《せい》マリア　同
尊敬《そんけい》すべきおとめ　同
忠実《ちゅうじつ》なおとめ　同
柔和《にゅうわ》、謙遜《けんそん》なおとめ　同
幼子《おさなご》をいつくしむおとめ　同
明《あ》けの明星《みょうじょう》　同
喜《よろこ》びの泉《いずみ》　同
純潔《じゅんけつ》のかがみ　同

仕《つか》える者《もの》の模範《もはん》
▲わたしたちのために祈《いの》ってください。

家庭生活《かていせいかつ》の喜《よろこ》び　同

召《しょう》命《めい》の保護者《ほごしゃ》　同

キリスト信者《しんじゃ》の助《たす》け　同

悩《なや》み苦《くる》しむ者《もの》の慰《なぐさ》め　同

病人《びょうにん》の希望《きぼう》　同

やみの中《なか》の道《みち》しるべ　同

罪《つみ》びとのよりどころ　同

移住者《いじゅうしゃ》のよりどころ　同

弱《よわ》く貧《まず》しい者《もの》の友《とも》　同

心《こころ》の支《ささ》え　同

臨終《りんじゅう》の時《とき》ともにいてくださるかた　同

世《よ》の罪《つみ》を除《のぞ》かれる神《かみ》の子羊《こひつじ》　わたしたちを
　ゆるしてください。

世《よ》の罪《つみ》を除《のぞ》かれる神《かみ》の子羊《こひつじ》　わたしたちの祈《いの》りを
　聞《き》き入《い》れてください。

世《よ》の罪《つみ》を除《のぞ》かれる神《かみ》の子羊《こひつじ》　わたしたちを
　あわれんでください。

いつくしみ深《ふか》い神《かみ》よ、わたしたちにいつも信仰《しんこう》に生《い》きる力《ちから》をお与《あた》えください。聖母《せいぼ》マリアの取《と》り次《つ》ぎによって、今《いま》の悲《かな》しみから解放《かいほう》され、永遠《えいえん》の喜《よろこ》びを味《あじ》わうことができますように。わたしたちの主《しゅ》イエス・キリストによって。アーメン。

聖《せい》ヨセフの連願《れんがん》（口語《こうご》）

二〇二一年《ねん》二月《がつ》十六日《にち》、日本《にほん》カトリック司教協議会定例司教総会認可《しきょうきょうぎかいていれいしきょうそうかいにんか》。
同年《どうねん》五月《がつ》十三日《にち》、日本《にほん》カトリック司教協議会常任司教委員会追加承認《しきょうきょうぎかいじょうにんしきょういいんかいついかしょうにん》。

（先唱《せんしょう》）　　　　　　（会衆《かいしゅう》）

主《しゅ》よ、いつくしみを。　　主《しゅ》よ、いつくしみを
　　　　　　　　　　　　　　　わたしたちに。

キリスト、いつくしみを。　　キリスト、いつくしみを
　　　　　　　　　　　　　　　わたしたちに。

主《しゅ》よ、いつくしみを。
キリスト、わたしたちの祈《いの》りを
聞《き》いてください。
キリスト、わたしたちの祈《いの》りを
聞《き》き入《い》れてください。

主《しゅ》よ、いつくしみを
わたしたちに。
キリスト、わたしたちの祈《いの》りを
聞《き》いてください。
キリスト、わたしたちの祈《いの》りを
聞《き》き入《い》れてください。

神《かみ》である天《てん》の御父《おんちち》　いつくしみをわたしたちに。
神《かみ》であり世《よ》のあがない主《ぬし》である御子《おんこ》　同
神《かみ》である聖霊《せいれい》　同
唯一《ゆいいつ》の神《かみ》である聖三位《せいさんみ》　同

聖《せい》マリア　わたしたちのために
祈《いの》ってください。
聖《せい》ミカエル　同
聖《せい》ヨセフ　同
誉《ほま》れ高《たか》いダビデの子孫《しそん》　同
太祖《たいそ》の光《ひかり》　同
神《かみ》の母《はは》マリアの夫《おっと》　同
あがない主《ぬし》の守護者《しゅごしゃ》　同
おとめマリアの純潔《じゅんけつ》な守護者《しゅごしゃ》　同
神《かみ》の御子《おんこ》の養育者《よういくしゃ》　同
キリストの注意深《ちゅういぶか》い擁護者《ようごしゃ》　同

キリストに仕《つか》えたかた　わたしたちのために
祈《いの》ってください。
救《すく》いの奉仕者《ほうししゃ》　同
聖家族《せいかぞく》の長《おさ》　同
まことに正《ただ》しいヨセフ　同
まことに貞潔《ていけつ》なヨセフ　同
まことに賢明《けんめい》なヨセフ　同
まことに勇敢《ゆうかん》なヨセフ　同
まことに従順《じゅうじゅん》なヨセフ　同
まことに誠実《せいじつ》なヨセフ　同
忍耐《にんたい》のかがみ　同

貧《まず》しさを愛《あい》するかた　同
職人《しょくにん》の模範《もはん》　同
家庭生活《かていせいかつ》の誉《ほま》れ　同
独身者《どくしんしゃ》の守護者《しゅごしゃ》　同
家族《かぞく》を支《ささ》える柱《はしら》　同
困難《こんなん》なときの支《ささ》え　同
嘆《なげ》き悲《かな》しむ人《ひと》の慰《なぐさ》め　同
病《や》める人《ひと》の希望《きぼう》　同
国《くに》を追《お》われた人《ひと》の保護者《ほごしゃ》　同
苦《くる》しむ人《ひと》の保護者《ほごしゃ》　同
貧《まず》しい人《ひと》の保護者《ほごしゃ》　同

死《し》に臨《のぞ》む人《ひと》の保護者《ほごしゃ》
わたしたちのために
祈《いの》ってください。

悪魔《あくま》の恐《おそ》れるかた
同

聖《せい》なる教会《きょうかい》の保護者《ほごしゃ》
同

世《よ》の罪《つみ》を取《と》り除《のぞ》く神《かみ》の子羊《こひつじ》
主《しゅ》よ、わたしたちを
ゆるしてください。

世《よ》の罪《つみ》を取《と》り除《のぞ》く神《かみ》の子羊《こひつじ》
主《しゅ》よ、わたしたちの祈《いの》りを
聞《き》き入《い》れてください。

世《よ》の罪《つみ》を取《と》り除《のぞ》く神《かみ》の子羊《こひつじ》
いつくしみをわたしたちに。

（先唱《せんしょう》）

神《かみ》は、ヨセフをご自分《じぶん》の家《いえ》のあるじとし、

（会衆《かいしゅう》）

ご自分《じぶん》のすべてのものをおゆだねになりました。

祈《いの》りましょう。神《かみ》よ、あなたは計《はか》り知《し》れない摂理《せつり》によって、聖《せい》ヨセフを聖母《せいぼ》の夫《おっと》としてお選《えら》びになりました。この世《よ》において聖《せい》ヨセフを保護者《ほごしゃ》と敬《うやま》うわたしたちが、天《てん》においてその取《と》り次《つ》ぎをいただくことができますように。あなたは世々《よよ》に生《い》き、治《おさ》めておられます。アーメン。

聖《せい》ヨセフの連願《れんがん》（文語《ぶんご》）

主《しゅ》あわれみたまえ。
▲キリストあわれみたまえ。
主《しゅ》あわれみたまえ。
キリストわれらの祈《いの》りを聞《き》きたまえ。
▲キリストわれらの祈《いの》りを聞《き》き入《い》れたまえ。
天主《てんしゅ》なる御父《おんちち》
▲われらをあわれみたまえ。
天主《てんしゅ》にして世《よ》の贖《あがな》い主《ぬし》なる御子《おんこ》　同
天主《てんしゅ》なる聖霊《せいれい》　同
唯一《ゆいいつ》の天主《てんしゅ》なる聖三位《せいさんみ》　同
聖《せい》マリア
▲われらのために祈《いの》りたまえ。

聖《せい》ヨセフ　同
ダビデの誉《ほま》れ高《たか》き末《すえ》　同
太祖《たいそ》の光明《こうみょう》　同
天主《てんしゅ》の聖母《せいぼ》の浄配《じょうはい》　同
童貞《どうてい》マリアの操正《みさおただ》しき守護者《しゅごしゃ》　同
天主《てんしゅ》の御子《おんこ》の養育者《よういくしゃ》　同
キリストの注意深《ちゅういぶか》き保護者《ほごしゃ》　同
聖家族《せいかぞく》の長《おさ》　同
いと正義《せいぎ》なるヨセフ　同
いと貞潔《ていけつ》なるヨセフ　同
いと賢明《けんめい》なるヨセフ　同

▲われらのために祈《いの》りたまえ。

いと勇気《ゆうき》あるヨセフ　同

いと従順《じゅうじゅん》なるヨセフ　同

いと真実《しんじつ》なるヨセフ　同

忍耐《にんたい》の鑑《かがみ》　同

清貧《せいひん》の愛好者《あいこうしゃ》　同

職人《しょくにん》の模範《もはん》　同

家庭生活《かていせいかつ》の誉《ほま》れ　同

童貞《どうてい》の守護者《しゅごしゃ》　同

家庭《かてい》の柱石《ちゅうせき》　同

不幸《ふこう》なる者《もの》の慰《なぐさ》め　同

病《や》める者《もの》の希望《きぼう》　同

死《し》に臨《のぞ》める者《もの》の擁護者《ようごしゃ》　同

悪魔《あくま》の恐《おそ》れ　同

聖《せい》なる公教会《こうきょうかい》の保護者《ほごしゃ》　同

世《よ》の罪《つみ》を除《のぞ》きたもう天主《てんしゅ》の子羊《こひつじ》　▲主《しゅ》われらを赦《ゆる》したまえ。

世《よ》の罪《つみ》を除《のぞ》きたもう天主《てんしゅ》の子羊《こひつじ》

▲主《しゅ》われらの祈《いの》りを聞《き》き入《い》れたまえ。

世《よ》の罪《つみ》を除《のぞ》きたもう天主《てんしゅ》の子羊《こひつじ》　▲われらをあわれみたまえ。

天主《てんしゅ》かれを立《た》てておのが一家《いっか》の長《ちょう》と定《さだ》め、

▲そのすべての持《も》ち物《もの》を司《つかさど》らしめたまえり。

祈願《きがん》　絶妙《ぜつみょう》なる御摂理《おんせつり》により聖《せい》ヨセフを至聖《しせい》なる御母《おんはは》の浄配《じょうはい》として選《えら》びたまいたる天主《てんしゅ》、こい願《ねが》わくは地上《ちじょう》においてかれを保護者《ほごしゃ》と尊敬《そんけい》したてまつるわれらをして、かれを天《てん》上《じょう》における代禱者《だいとうしゃ》としていただくにふさわしき者《もの》たらしめたまえ。▲とこしえに生《い》きかつしろしめしたもう主《しゅ》に願《ねが》いたてまつる。　アーメン。

諸聖人《しょせいじん》の連願《れんがん》（文語《ぶんご》）

主《しゅ》よあわれみたまえ。　▲主《しゅ》よあわれみたまえ。
キリストあわれみたまえ。　▲キリストあわれみたまえ。
主《しゅ》よあわれみたまえ。　▲主《しゅ》よあわれみたまえ。
神《かみ》の母聖《ははせい》マリア　▲われらのために祈《いの》りたまえ。
聖《せい》ミカエル　同
聖《せい》なる神《かみ》の使《つか》い　同
洗礼者聖《せんれいしゃせい》ヨハネ　同
聖《せい》ヨセフ　同
聖《せい》ペトロとパウロ　同

聖《せい》アンデレ
▲われらのために祈《いの》りたまえ。

聖《せい》ヨハネ　同

マグダラの聖《せい》マリア　同

聖《せい》ステファノ　同

聖《せい》イグナチオ　同

聖《せい》ラウレンチオ　同

聖《せい》ペルペトゥアとフェリチタス　同

聖《せい》アグネス　同

聖《せい》グレゴリオ　同

聖《せい》アウグスチヌス　同

聖《せい》アタナシオ　同

聖《せい》バジリオ　同
聖《せい》マルチノ　同
聖《せい》ベネディクト　同
聖《せい》フランシスコとドミニコ　同
聖《せい》フランシスコ・ザビエル　同
聖《せい》ヨハネ・ビアンネ　同
シエナの聖《せい》カタリナ　同
アビラの聖テレジア　同
聖《せい》なる日本《にほん》の殉教者《じゅんきょうしゃ》　同
神《かみ》のすべての聖人《せいじん》と聖女《せいじょ》　同
いつくしみ深《ふか》く　同

すべての悪《あく》より　▲主《しゅ》われらを救《すく》いたまえ。
すべての罪《つみ》より　同
永久《えいきゅう》の死《し》より　同
主《しゅ》の受肉《じゅにく》によりて　同
主《しゅ》の死《し》と復活《ふっかつ》によりて　同
聖霊《せいれい》の注《そそ》ぎによりて　同
願《ねが》わくはわれら罪《つみ》びとなれば　▲主《しゅ》われらの祈《いの》りを聞《き》きたまえ。

（復活徹夜祭《ふっかつてつやさい》・洗礼式《せんれいしき》に）
願《ねが》わくはこの選《えら》ばれた者《もの》に洗礼《せんれい》によりて新《あら》たないのちを
与《あた》えたまわんことを　▲主《しゅ》われらの祈《いの》りを聞《き》きたまえ。

（叙階式《じょかいしき》に）

願《ねが》わくは主《しゅ》の聖《せい》なる教会《きょうかい》を治《おさ》め保《たも》ちたまわんことを。

▲主《しゅ》われらの祈《いの》りを聞《き》きたまえ。

願《ねが》わくは教皇《きょうこう》と教会《きょうかい》の教役者《きょうえきしゃ》を聖《せい》なる結《むす》びのうちに保《たも》ちたまわんことを　同

願《ねが》わくはすべての民《たみ》に平和《へいわ》とまことの一致《いっち》を保《たも》ちたまわんことを　同

願《ねが》わくはわれらを聖《せい》なる奉仕《ほうし》のために強《つよ》め保《たも》ちたまわんことを　同

願《ねが》わくはこの選《えら》ばれし者《もの》を祝福《しゅくふく》したまわんことを　同

願《ねが》わくはこの選《えら》ばれし者《もの》を祝福《しゅくふく》し聖化《せいか》したまわんことを
▲主《しゅ》われらの祈《いの》りを聞《き》きたまえ。
願《ねが》わくはこの選《えら》ばれし者《もの》を祝福《しゅくふく》し聖化《せいか》し聖別《せいべつ》したまわんことを　同

（奉献式《ほうけんしき》・誓願式《せいがんしき》に）

願《ねが》わくは教皇《きょうこう》と全世界《ぜんせかい》の司教《しきょう》をキリストの花嫁《はなよめ》なる教会《きょうかい》にふさわしく仕《つか》える者《もの》となしたまわんことを。
▲主《しゅ》われらの祈《いの》りを聞《き》きたまえ。
願《ねが》わくは神《かみ》の国《くに》のため生涯《しょうがい》をささげ貞潔《ていけつ》を守《まも》る修道者《しゅうどうしゃ》の熱心《ねっしん》を保《たも》ち強《つよ》めたまわんことを。　同

願《ねが》わくは福音的勧告《ふくいんてきかんこく》に従《したが》い共《とも》に修道生活《しゅうどうせいかつ》に励《はげ》む共同体《きょうどうたい》を増《ふ》やし力《ちから》づけたまわんことを　同

願《ねが》わくは今日神《きょうかみ》にささげらるる者《もの》の家族《かぞく》の上《うえ》に神《かみ》の豊《ゆた》かなる祝福《しゅくふく》と恵《めぐ》みのあらんことを　同

願《ねが》わくは生涯《しょうがい》を神《かみ》と人《ひと》とに仕《つか》えんために奉献《ほうけん》せんとする者《もの》を祝福《しゅくふく》し聖化《せいか》し聖別《せいべつ》したまわんことを　同

生《い》ける神《かみ》の子《こ》イエス　同

キリストわれらの祈《いの》りを聞《き》きたまえ。

▲キリストわれらの祈《いの》りを聞《き》きたまえ。

キリストわれらの祈《いの》りを聞《き》き入《い》れたまえ。

▲キリストわれらの祈《いの》りを聞《き》き入《い》れたまえ。

典礼暦年中《てんれいれきねんちゅう》の祈《いの》り（文語《ぶんご》）

待降節《たいこうせつ》の祈《いの》り

天《てん》よ、上《うえ》から滴《したた》らせよ、雲《くも》よ、正義《せいぎ》を降《ふ》らせよ。
▲地《ち》よ、開《ひら》け、救《すく》いが萌《も》え出《い》で、正義《せいぎ》もともに芽生《めば》えるように。
わたしは主《しゅ》、彼《かれ》を創造《そうぞう》した。（イザヤ45・8）

わが天主《てんしゅ》、わが救世主《きゅうせいしゅ》なるイエス・キリスト。われらはこの待降節中《たいこうせっちゅう》、敬虔《けいけん》の念《ねん》もて、旧約《きゅうやく》の太祖《たいそ》、預言者《よげんしゃ》、および義人《ぎじん》らが、主《しゅ》の御恵《おんめぐ》み豊《ゆた》かなる御来臨《ごらいりん》を祈《いの》り求《もと》めし、その熱《ねつ》望《ぼう》を思《おも》いめぐらしたてまつる。

▲主《しゅ》は限《かぎ》りなき御《おん》あわれみと愛《あい》とをもって、太祖《たいそ》に与《あた》えたまいし御約束《おんやくそく》を果《は》たしたまえり。すなわち永遠《えいえん》の知《ち》なる主《しゅ》は天降《あまくだ》りて、その完全《かんぜん》なるみ教《おし》えの光《ひかり》をもってわれらの精神《せいしん》の暗《くら》きを照《て》らし、罪《つみ》のきずなを解《と》き、悪魔《あくま》の力《ちから》をくじき、われらと天《てん》の御父《おんちち》との間《あいだ》に、平安《へいあん》と和睦《わぼく》をもたらしたまえり。されば天《てん》と地《ち》とは声《こえ》を合《あ》わせて、主《しゅ》が人《ひと》となりて行《おこな》いたまいし救《すく》いのみわざをたたえたてまつる。

主《しゅ》イエスよ、われらは太祖《たいそ》、預言者《よげんしゃ》たちと共《とも》に、御身《おんみ》が御《おん》約束《やくそく》のキリスト、世《よ》の救《すく》い主《ぬし》にして、道《みち》、真理《しんり》、いのちにてましますことを固《かた》く信《しん》じたてまつる。

▲願《ねが》わくはわれらを恵《めぐ》みて、熱心《ねっしん》なる祈《いの》りの精神《せいしん》と深《ふか》き痛《つう》悔《かい》の心《こころ》とを与《あた》え、主《しゅ》の御降誕《ごこうたん》を迎《むか》えまつるにふさわしき準備《じゅんび》をなさしめたまえ。

主《しゅ》イエスよ、今《いま》こそ主《しゅ》は御《おん》みずからわれらに来《き》たり、霊的《れいてき》に生《う》まれたまいて、その聖《せい》なる御託身《ごたくしん》の御恵《おんめぐ》みをわれらに与《あた》えたまわんとす。そはわれらが主《しゅ》のごとく天主《てんしゅ》の子《こ》として、天主《てんしゅ》と人《ひと》との前《まえ》に知恵《ちえ》と聖寵《せいちょう》のいやまさんがためなり。

▲さればわれらは聖《せい》なる慎《つつし》みをもって、すべて世間《せけん》の楽《たの》しみを打《う》ち棄《す》て、心《こころ》を清《きよ》めて、主《しゅ》の御《おん》ためにふさわしき住処《すみか》を備《そな》えたてまつらん。

救霊《きゅうれい》のあけぼのなる聖《せい》マリア、イエス・キリストの先駆《せんく》者《しゃ》なる聖《せい》ヨハネ、主《しゅ》の御来臨《ごらいりん》を祝《いわ》いたてまつるにふさわしき準備《じゅんび》をなし得《う》る御恵《おんめぐ》みを、われらのために祈《いの》り求《もと》めたまえ。そは主《しゅ》がこの世《よ》を裁《さば》かんとて再《ふたた》び来《き》たりたもう時《とき》、恐《おそ》るることなく主《しゅ》を迎《むか》えたてまつらんがためなり。▲アーメン。

▲主《しゅ》よ、御身《おんみ》に向《む》かいてわが魂《たましい》を挙《あ》げたてまつれり。わが天主《てんしゅ》よ、われ御身《おんみ》に拠《よ》り頼《たの》めり。われ永遠《えいえん》に恥《は》じることなからん。

祈願《きがん》　全能《ぜんのう》の天主《てんしゅ》、願《ねが》わくは主《しゅ》の御《おん》ひとり子《ご》をふさわしく迎《むか》えたてまつらんがために、われらに熱心《ねっしん》なる祈《いの》りの精神《せいしん》と痛悔《つうかい》の念《ねん》とを与《あた》えたまえ。われら救《すく》い主《ぬし》の御来臨《ごらいりん》によりて清《きよ》められたる心《こころ》をもって主《しゅ》に仕《つか》え、み心《こころ》に従《したが》いてこの世《よ》を送《おく》らんことを、われらの主《しゅ》キリストによりて切《せつ》に願《ねが》いたてまつる。

アーメン。

幼《おさな》きイエスを訪《と》いたてまつる祈《いの》り

天主《てんしゅ》にまします幼《おさな》きイエス、わが創造主《そうぞうしゅ》、わが救世主《きゅうせいしゅ》、われ今《いま》み前《まえ》に出《い》でて恭《うやうや》しく主《しゅ》を拝《はい》したてまつる。▲いとうるわしく、いと愛《あい》すべき幼《おさな》きイエスよ、主《しゅ》の御降誕《ごこうたん》にあたり、天《てん》の御父《おんちち》は喜《よろこ》びて主《しゅ》を見守《みまも》りたまい、天使《てんし》らは主《しゅ》を賛美《さんび》し、御母《おんはは》聖《せい》マリア、御養父《おんようふ》聖《せい》ヨセフは羊飼《ひつじか》いらと共《とも》に主《しゅ》を礼拝《れいはい》したり。

われは罪《つみ》びとなれば主《しゅ》のみ前《まえ》に出《い》ずるに足《た》らざれども、願《ねが》わくは世《よ》に降《くだ》りたまえる主《しゅ》を、あふるるばかりの喜《よろこ》びと感謝《かんしゃ》とをもって拝《おが》みたてまつることをわれにも許《ゆる》したまえ。

聖《せい》にして恵《めぐ》み豊《ゆた》かなる幼《おさな》きイエス、われは貧《まず》しくして何物《なにもの》をも持《も》たざれども、わが心《こころ》を主《しゅ》にささげたてまつる。▲願《ねが》わくはこれを清《きよ》めて主《しゅ》の御住《おんす》まいとなしたまえ。また主《しゅ》は世《よ》を救《すく》わんために来《き》たりたまいたれば、すべて主《しゅ》を知《し》らざる人《ひと》びとをあわれみ、真理《しんり》の光《ひかり》のうちにかれらを導《みちび》きたまえ。かくて人《ひと》びとみな主《しゅ》を知《し》り、主《しゅ》を愛《あい》し、主《しゅ》と共《とも》に平和《へいわ》のうちに生《い》くるにいたらんことを、聖母《せいぼ》マリア、聖《せい》ヨセフ、ならびに諸天《しょてん》使《し》、諸聖人《しょせいじん》の御取《おんと》り次《つ》ぎによりて願《ねが》いたてまつる。アーメン。

新年《しんねん》の祈《いの》り

ああ天主《てんしゅ》、われ、年《とし》の始《はじ》めにあたりて、過《す》ぎし一年《いちねん》の間《あいだ》に受《う》けたてまつりたるあまたの御恵《おんめぐ》みを謝《しゃ》し、また、この新《あたら》しい年《とし》のために主《しゅ》の御祝福《おんしゅくふく》を願《ねが》いたてまつる。願《ねが》わくはみ旨《むね》の天《てん》に行《おこな》わるるごとく地《ち》にも行《おこな》われんことを。主《しゅ》のみ名《な》は地《ち》上《じょう》に尊《とうと》まれ、すべての人《ひと》は救霊《きゅうれい》の道《みち》に導《みちび》かれんことを。

▲われはこの新《あたら》しき年《とし》の初穂《はつほ》として、わが肉身《にくしん》と霊魂《れいこん》、わが境遇《きょうぐう》と事業《じぎょう》とを主《しゅ》にささげたてまつる。願《ねが》わくはこれを受《う》け入《い》れたまいて、主《しゅ》に仕《つか》えたてまつる熱心《ねっしん》をわが心《こころ》に新《あら》たならしめたまえ。またわが親族《しんぞく》、恩人《おんじん》、友人《ゆうじん》のためにも主《しゅ》の御《ご》

保護《ほご》を願《ねが》いたてまつる。われをして主《しゅ》の聖寵《せいちょう》のうちに、安《やす》らかにこの一年《いちねん》とわが一生《いっしょう》とを過《す》ごし、主《しゅ》のみ旨《むね》によりて現世《げんせ》の旅路《たびじ》を終《お》わらん後《のち》、相共《あいとも》に天国《てんごく》の永福《えいふく》を得《え》しめたまえ。われらの主《しゅ》キリストによりて願《ねが》いたてまつる。アーメン。

御公現《ごこうげん》の祈《いの》り

全能永遠《ぜんのうえいえん》の天主《てんしゅ》、御父《おんちち》、主《しゅ》は人類《じんるい》を救《すく》わんとて、限《かぎ》りなき御《おん》いつくしみによりいとも愛《あい》すべき御《おん》ひとり子《ご》をこの世《よ》に遣《つか》わしたまい、おのが選民《せんみん》には天使《てんし》をもってその御降誕《ごこうたん》の福音《ふくいん》を告《つ》げたまいしが、さらにくすしき星《ほし》をもって東方《とうほう》より三人《さんにん》の博士《はかせ》を幼児《おさなご》のみ前《まえ》に導《みちび》きたまいたり。

▲真理《しんり》の源《みなもと》にまします天主《てんしゅ》、主《しゅ》の博士《はかせ》たちを召《め》したまいしは、かれらによりて御子《おんこ》を万民《ばんみん》に与《あた》えたまわんためなることをわれらは知《し》れり。幼《おさな》きイエス、今《いま》こそ御身《おんみ》はわれらのものなれば深《ふか》くへり下《くだ》りてみ前《まえ》にひれ伏《ふ》したてまつる。

いざ来《き》たれ、われらもろともに拝《おが》みまつらん。

▲主《しゅ》はまことにわれらの天主《てんしゅ》にましませばなり。

主《しゅ》イエス、御身《おんみ》が世《よ》に来《き》たりたまいし時《とき》、東方《とうほう》の博士《はかせ》たちは幼児《おさなご》が王《おう》たるをあらわす黄金《おうごん》、大司祭《だいしさい》のしるしなる乳香《にゅうこう》、万民《ばんみん》のために死《し》にわたさるべきを示《しめ》す没薬《もつやく》の三種《さんしゅ》の礼物《れいもつ》をささげて伏《ふ》し拝《おが》みたり。

▲主《しゅ》よ、こい願《ねが》わくは礼物《れいもつ》によりて信仰《しんこう》と愛《あい》とをあらわしたる三人《さんにん》の博士《はかせ》に倣《なら》わしめ、わが心《こころ》の愛《あい》を黄金《おうごん》となし、わがつたなき祈《いの》りを乳香《にゅうこう》となし、日々《ひび》の苦難《くなん》と犠牲《ぎせい》とを没薬《もつやく》としてこれを受《う》け入《い》れたまえ。

いざ来《き》たれ、われらもろともに拝《おが》みまつらん。

▲主《しゅ》はまことにわれらの天主《てんしゅ》にましませばなり。

主《しゅ》が博士《はかせ》たちを召《め》したまいしは、すべて主《しゅ》を知《し》らざる人《ひと》びとに御《おん》みずからを示《しめ》さんとの思《おぼ》し召《め》しなりき。

▲主《しゅ》よ、かれらにも速《すみ》やかに福音《ふくいん》の光《ひかり》を輝《かがや》かして信仰《しんこう》に導《みちび》き、やがて一人《ひとり》の牧者《ぼくしゃ》、一《ひと》つの群《む》れとならしめたまわんことを切《せつ》に祈《いの》りたてまつる。アーメン。

四旬節《しじゅんせつ》の祈《いの》り

主《しゅ》よ、願《ねが》わくはわれらの心《こころ》に聖寵《せいちょう》を満《み》たし、われらにおのが罪《つみ》を嘆《なげ》き、祈《いの》りと善行《ぜんぎょう》とをもってこれを償《つぐの》うを得《え》しめたまえ。そは来世《らいせ》において永遠《えいえん》に罰《ばっ》せらるるよりも、この世《よ》においてこれを償《つぐの》うを勝《まさ》れりとすればなり。われらの主《しゅ》キリストによりて願《ねが》いたてまつる。アーメン。

悲《かな》しめる聖母《せいぼ》に対《たい》する祈《いの》り

悲《かな》しみに沈《しず》める聖母《せいぼ》は涙《なみだ》にむせびて、御子《おんこ》のかかりたまえる十字架《じゅうじか》のもとにたたずみたまえり。

▲嘆《なげ》き憂《うれ》い悲《かな》しめるその御魂《おんたましい》は、鋭《するど》き刃《やいば》もて貫《つらぬ》かれたまえり。

天主《てんしゅ》の御《おん》ひとり子《ご》の尊《とうと》き御母《おんはは》は、いかばかり憂《うれ》い悲《かな》しみたまいしぞ。

▲尊《とうと》き御子《おんこ》の苦《くる》しみを見《み》たまえる、いつくしみ深《ふか》き御母《おんはは》は、悲《かな》しみに沈《しず》みたまえり。

キリストの御母《おんはは》のかく悩《なや》みたまえるを見《み》て、たれか涙《なみだ》を注《そそ》がざる者《もの》あらん。

▲キリストの御母《おんはは》の御子《おんこ》と共《とも》にかく苦《くる》しみたもうを見《み》て、たれか悲《かな》しまざる者《もの》あらん。

聖母《せいぼ》は、イエスが人《ひと》びとの罪《つみ》のため、責《せ》められ鞭打《むちう》たるるを見《み》たまえり。

▲聖母《せいぼ》はまた最愛《さいあい》の御子《おんこ》が御死苦《ごしく》のうちに棄《す》てられ息絶《いきた》えたもうを眺《なが》めたまえり。

いつくしみの泉《いずみ》なる御母《おんはは》よ、われをして御悲《おんかな》しみのほどを感《かん》ぜしめ、共《とも》に涙《なみだ》を流《なが》さしめたまえ。

▲わが心《こころ》をして、天主《てんしゅ》たるキリストを愛《あい》する火《ひ》に燃《も》えしめ、一《いっ》にそのみ心《こころ》にかなわしめたまえ。

ああ聖母《せいぼ》よ、十字架《じゅうじか》に釘《くぎ》づけにせられたまえる御子《おんこ》の傷《きず》を、わが心《こころ》に深《ふか》く印《しる》したまえ。

▲わがためにかく傷《きず》つけられ、苦《くる》しみたまいたる御子《おんこ》の苦《く》痛《つう》を、われに分《わ》かちたまえ。

命《いのち》のあらん限《かぎ》り、御身《おんみ》と共《とも》に熱《あつ》き涙《なみだ》を流《なが》し、はりつけられたまいしイエスと苦《くる》しみを共《とも》にするを得《え》しめたまえ。

▲われ十字架《じゅうじか》の側《かたわら》に御身《おんみ》と立《た》ちて、相共《あいとも》に嘆《なげ》かんことを望《のぞ》む。

童貞《どうてい》のうちいとも勝《すぐ》れたる童貞《どうてい》、願《ねが》わくは、われを退《しりぞ》けたまわずして、共《とも》に嘆《なげ》くを得《え》しめたまえ。

▲われにキリストの死《し》を負《お》わしめ、その御苦難《ごくなん》を共《とも》にせしめ、その御傷《おんきず》を深《ふか》くしのばせしめたまえ。

御子《おんこ》の御傷《おんきず》をもってわれを傷《きず》つけ、その十字架《じゅうじか》と御血《おんち》とをもって、われを酔《よ》わしめたまえ。

▲聖《せい》なる童貞女《どうていじょ》よ、われの地獄《じごく》の火《ひ》に焼《や》かれざらんため、

審判《しんぱん》の日《ひ》にわれを守《まも》りたまえ。

ああキリストよ、われこの世《よ》を去《さ》らんとき、御母《おんはは》によりて勝利《しょうり》の報《むく》いを得《え》しめたまえ。

▲肉身《にくしん》は死《し》して朽《く》つるとも、霊魂《れいこん》には、天国《てんごく》の永福《えいふく》をこうむらしめたまえ。アーメン。

御復活節《ごふっかつせつ》の祈《いの》り

栄《は》えある主《しゅ》イエスよ、主《しゅ》はわれらを救《すく》わんために十字架《じゅうじか》につけられて死《し》し、御約束《おんやくそく》のごとく三日目《みっかめ》によみがえり、そを証《あか》さんため弟子《でし》たちに御《おん》みずからを示《しめ》したまえり。▲主《しゅ》は御《ご》死去《しきょ》をもって罪《つみ》に勝《か》ち、ご復活《ふっかつ》をもって死《し》と地獄《じごく》とに勝《か》ち、御《おん》みずからの天主《てんしゅ》にましますことを証《あか》したまえば、われらは主《しゅ》のご復活《ふっかつ》をあがめ、主《しゅ》の大《おお》いなるみ栄《さか》えを喜《よろこ》びたてまつる。

▲これこそ主《しゅ》の造《つく》りたまいし日《ひ》なれ。アレルヤ。

▲この日《ひ》にあたり、われら喜《よろこ》びかつ踊《おど》らん。アレルヤ。

主《しゅ》イエス、主《しゅ》はご復活《ふっかつ》の後《のち》弟子《でし》たちにあらわれ、力《ちから》を落《お》とし、恐《おそ》れいたるかれらを慰《なぐさ》め、励《はげ》まし、またかれらに授《さず》けたまいし教《おし》えを全《まっと》うしたまえり。

▲死《し》と地獄《じごく》とに勝《か》ちたまいたるイエス、われらの信仰《しんこう》弱《よわ》きをあわれみてこれを強《つよ》め、信仰《しんこう》のために戦《たたか》うべき時《とき》にあたりて、われらに助《たす》けを下《くだ》したまえ。主《しゅ》よ、御身《おんみ》の公教会《こうきょうかい》をし

てますます栄《さか》えしめ、常《つね》に地獄《じごく》の門《もん》に勝《か》たしめたまわんことを伏《ふ》して願《ねが》いたてまつる。アーメン。

御昇天《ごしょうてん》の祈《いの》り

主《しゅ》イエス・キリスト、主《しゅ》はご復活後《ふっかつご》、なおこの世《よ》に留《とど》まりたまい、しばしば弟子《でし》たちに現《あらわ》れてそのみ教《おし》えのまことなるを証《あか》し、かれらの信仰《しんこう》を固《かた》め居《い》たまいしが、四十日目《よんじゅうにちめ》に聖《せい》母《ぼ》マリアと御弟子《みでし》らの前《まえ》にて、オリベト山《やま》より栄《さか》えのうちに天《てん》に昇《のぼ》り、御父《おんちち》の家《いえ》にわれらの住処《すみか》を備《そな》えたまえり。

▲われらは主《しゅ》のみ栄《さか》えをあがめ、感謝《かんしゃ》し、主《しゅ》の残《のこ》したまい

し御教《おんおし》えを守《まも》らんと決心《けっしん》したてまつる。願《ねが》わくは今日主《こんにちしゅ》の御昇天《ごしょうてん》を祝《いわ》いまつるわれらにも、ついには幸《さいわ》いなる昇天《しょうてん》の御《おん》恵《めぐ》みにあずかるを得《え》しめたまえ。アーメン。

聖霊降臨《せいれいこうりん》の祈《いの》り

天主《てんしゅ》なる聖霊《せいれい》、主《しゅ》は聖父《ちち》と聖子《こ》より出《い》ずる、二位《にい》の間《あいだ》の永《えい》遠《えん》の愛《あい》のきずなにてましますの御者《おんもの》なり。主《しゅ》は常《つね》に万物《ばんぶつ》の上《うえ》に愛《あい》の御《おん》まなこを注《そそ》ぎ、すべてのみわざを行《おこな》いたもう。

▲われらは聖霊《せいれい》の天主《てんしゅ》にましますを信《しん》じ、礼拝《れいはい》をささげ、今日《こんにち》までわれらに賜《たま》わりし霊肉《れいにく》の賜物《たまもの》を心《こころ》より感謝《かんしゃ》したてま

つる。

主《しゅ》イエスはこの世《よ》を去《さ》りたもう時《とき》、御弟子《みでし》らに聖霊《せいれい》を遣《つか》わさんと約《やく》したまいしにより、かれらは聖母《せいぼ》マリアと共《とも》に、心《こころ》を合《あ》わせて祈《いの》りいたりしが、聖霊《せいれい》は火《ひ》のごとき舌《した》の形《かたち》にてあらわれ、かれらの心《こころ》に降《くだ》りてそを満《み》たしたまいたれば、かれらは生《う》まれ変《か》わりし者《もの》のごとくなり、諸国《しょこく》の言葉《ことば》を語《かた》り、布《ふ》教《きょう》に専心《せんしん》せり。

主《しゅ》よ、聖霊《せいれい》を遣《つか》わしたまえ。しかしてよろずのものは造《つく》られん。▲地《ち》の面《おもて》は新《あら》たにならん。

主《しゅ》なる聖霊《せいれい》、われらの上《うえ》にも降《くだ》りてわれらの心《こころ》を満《み》たし、新《あら》たになして、天主《てんしゅ》に対《たい》し、人《ひと》に対《たい》し、すべてにおいて正《ただ》しき道《みち》を歩《あゆ》ましめたまえ。▲アーメン。

聖霊《せいれい》の御降臨《ごこうりん》を望《のぞ》む祈《いの》り

聖霊来《せいれいき》たりたまえ。天《てん》より御光《おんひかり》の輝《かがや》きを放《はな》ちたまえ。

▲貧《まず》しき者《もの》の父《ちち》、恵《めぐ》みの与《あた》え主《ぬし》、心《こころ》の光《ひかり》にます御者来《おんものき》たりたまえ。

いと優《すぐ》れたる慰《なぐさ》め主《ぬし》、霊魂《れいこん》の甘美《かんび》なる友《とも》、心《こころ》のなごやかなる楽《たの》しみ。

▲疲《つか》れたる時《とき》の憩《いこ》い、暑《あつ》き時《とき》の涼《すず》しさ、憂《うれ》うる時《とき》の慰《なぐさ》め。

いたって幸《さいわ》いなる光《ひかり》よ、主《しゅ》を信《しん》ずる者《もの》の心《こころ》に来《き》たり満《み》ちたまえ。

▲主《しゅ》の御助《おんたす》けあるにあらざれば人《ひと》には罪《つみ》ならざるところなからん。

こい願《ねが》わくは汚《けが》れたるを清《きよ》め、渇《かわ》けるをうるおし、傷《きず》つけられたるを癒《い》やしたまえ。

▲固《かた》きを柔《やわ》らげ、冷《ひ》えたるを暖《あたた》め、曲《ま》がれるを直《なお》くしたまえ。

主《しゅ》を頼《たの》む信者《しんじゃ》に神聖《しんせい》なる七《なな》つの賜物《たまもの》を施《ほどこ》したまえ。

▲善徳《ぜんとく》の勲《いさお》を積《つ》み、救霊《きゅうれい》の彼岸《ひがん》に至《いた》り、永遠《えいえん》に喜《よろこ》ぶを得《え》しめたまえ。アーメン。

三位一体《さんみいったい》の祭日《さいじつ》の祈《いの》り

すべての被造物《ひぞうぶつ》の源《みなもと》にましまする天主《てんしゅ》、主《しゅ》は造《つく》られずして永《えい》遠《えん》の始《はじ》めよりましまし、御本性《ごほんせい》にては一体《いったい》、ペルソナにては三位《さんみ》にましましたもう。主《しゅ》はすべての見《み》ゆるものと見《み》えざるものを無《む》より造《つく》り出《だ》し、これを司《つかさど》りたもうなり。

▲天使《てんし》らは主《しゅ》のみ前《まえ》に、聖《せい》なるかな、聖《せい》なるかな、聖《せい》なるかなと主《しゅ》をほめたたえたてまつれば、われらも共《とも》に声《こえ》を合《あ》わせて主《しゅ》を賛美《さんび》したてまつる。主《しゅ》よ、われらを見棄《みす》てたまわず、わが足《た》らざるを補《おぎな》いて、天使《てんし》らと共《とも》に主《しゅ》を礼拝《れいはい》するを得《え》しめたまえ。

われらは天主《てんしゅ》の子《こ》と呼《よ》ばるるにふさわしからざれども、最《さい》愛《あい》の御《おん》ひとり子《ご》にましますわれらの主《しゅ》イエス・キリストの福《ふく》音《いん》の光《ひかり》に照《て》らされ、洗礼《せんれい》の恵《めぐ》みをこうむり、天主《てんしゅ》の子《こ》となるの幸《さいわ》いを得《え》たり。ああこの信仰《しんこう》の御恵《おんめぐ》みは、いかにしてか感《かん》謝《しゃ》すべき。

▲願《ねが》わくは、われらが主《しゅ》の子《こ》として変《か》わらざる信仰《しんこう》を保《たも》ち、御戒《おんいまし》めを守《まも》り、天主《てんしゅ》に従《したが》いたてまつるを得《え》んことを、ひたすらこい願《ねが》いたてまつる。アーメン。

聖体《せいたい》に対《たい》する祈《いの》り（文語《ぶんご》）

聖体《せいたい》に対《たい》する聖《せい》トマの祈《いの》り（アドロ・テ）

パンの形色《けいしょく》のうちにまことにまします隠《かく》れたもう天主《てんしゅ》、今《いま》うやうやしくみ前《まえ》に礼拝《れいはい》したてまつる。われは主《しゅ》を認《みと》むる力《ちから》足《た》らざるにより、わが心《こころ》を全《まった》く主《しゅ》に従《したが》わせたてまつる。

▲ここに今《いま》、見《み》、触《ふ》れ、味《あじ》わうところのみにては、これが主《しゅ》なることを認《みと》め難《がた》けれども、ただ耳《みみ》に聞《き》けるところにより て確信《かくしん》するなり。われは天主《てんしゅ》の宣《のたま》いしことを、ことごとく信《しん》

じたてまつる。この真理《しんり》の言葉《ことば》に勝《まさ》るまことは、世《よ》にあることなし。

十字架上《じゅうじかじょう》にては天主《てんしゅ》たるの性《せい》のみ隠《かく》れしかど、ここにては人《ひと》たるの性《せい》も共《とも》に隠《かく》るるなり。されどわれ二《ふた》つの性《せい》の共《とも》にましますを信《しん》じかつこれを公言《こうげん》し、カルワリオにて悔《く》い改《あらた》めし盗賊《とうぞく》の願《ねが》いしことをわれもまた願《ねが》いたてまつる。

▲われはトマのごとく御傷《おんきず》を見《み》ざれども、主《しゅ》のわが天主《てんしゅ》なることを公言《こうげん》してはばからず。願《ねが》わくは、われをして主《しゅ》をますますあつく信《しん》じ、主《しゅ》に拠《よ》り頼《たの》み、主《しゅ》を愛《あい》することを得《え》しめたまえ。わが主《しゅ》の御死去《ごしきょ》の記念《きねん》として人《ひと》にいのちを与《あた》うる生《い》けるパンよ、わが心《こころ》を御身《おんみ》によりて生《い》きながら得《え》しめ、いつ

もその甘美《かんび》なる味《あじ》を覚《おぼ》ゆることを得《え》しめたまえ。

▲御血《おんち》の一滴《ひとしずく》をもってしても、世《よ》のすべての罪《つみ》を償《つぐの》うを得《え》たもう主《しゅ》なるイエス、願《ねが》わくは汚《けが》れたるわれを、御血《おんち》をもって清《きよ》めたまえ。

聖体《せいたい》の姿《すがた》のうちに見《み》たてまつるイエス、願《ねが》わくはわが渇《かっ》するごとく望《のぞ》むところを与《あた》えたまえ。すなわち天国《てんごく》においてあらわに主《しゅ》の御顔《おんかお》を見《み》たてまつり、み栄《さか》えを仰《あお》ぎて幸《さいわ》いなるを得《え》しめたまえ。▲アーメン。

オ・サルタリス（ああ救霊《きゅうれい》のホスチア）

ああ救霊《きゅうれい》の犠牲《いけにえ》、
天《あま》つみ国《くに》の門《もん》を開《ひら》きたもう御者《おんもの》よ、
われらの敵《てき》は戦《たたか》いをいどむが故《ゆえ》に、
われらに力《ちから》と助《たす》けとを与《あた》えたまえ。
三位一体《さんみいったい》の天主《てんしゅ》に、
代々《よよ》に栄《さか》えあらんことを。
また願《ねが》わくは終《お》わりなきいのちを、
天《あま》つふるさとにおいて与《あた》えたまわんことを。アーメン。

アヴェ・ヴェールム（めでたし、まことの御体《おんからだ》よ）

めでたし、童貞《どうてい》マリアより生《う》まれたまいしまことの御体《おんからだ》よ、げに人《ひと》のために苦《くる》しみを受《う》け、十字架《じゅうじか》の上《うえ》にて犠牲《いけにえ》となりたまいし御者《おんもの》よ、御脇腹《おんわきばら》はさし貫《つらぬ》かれ、水《みず》と血《ち》とを流《なが》したまえり。

願《ねが》わくは臨終《りんじゅう》の戦《たたか》いにあたりて、あらかじめわれらに天《てん》国《ごく》の幸《さいわ》いを味《あじ》わわしめたまえ。

ああ甘美《かんび》なるイエス、

慈悲深《じひぶか》きイエス、

マリアの御子《おんこ》なるイエスよ。アーメン。

パンジェ・リングァ（いざ歌《うた》えわが舌《した》よ）

いざ歌《うた》えわが舌《した》よ、
栄《は》えある御体《おんからだ》の奥義《おくぎ》と、
尊《とうと》き御母《おんはは》の御子《おんこ》、万民《ばんみん》の王《おう》の、
世《よ》の贖《あがな》いのために流《なが》したまえる尊《とうと》き御血《おんち》の奥義《おくぎ》をば。
主《しゅ》は汚《けが》れなき童貞《どうてい》より生《う》まれ出《い》でてわれらに与《あた》えられ、
み教《おし》えの種《たね》を蒔《ま》きつつこの世《よ》をわたり、
くすしき御恵《おんめぐ》みを与《あた》えてこれを終《お》わりたまいぬ。
すなわち最後《さいご》の晩《ばん》さんの夜《よる》にあたりて、主《しゅ》は兄弟《きょうだい》らと共《とも》に食卓《しょくたく》を囲《かこ》み、旧約《きゅうやく》の則《のり》に従《したが》いて過越《すぎこし》を食《しょく》し、このとき、御《おん》手《て》ずから御身《おんみ》を十二使徒《じゅうにしと》に分《わ》かちたまえり。

人《ひと》となりたまえるみ言葉《ことば》はまことのパンを御肉《おんにく》となし、ぶどう酒《しゅ》は実《じつ》に御血《おんち》と変《か》われり。五感《ごかん》はこれを測《はか》り得《え》ざれども、まことなる心《こころ》は信仰《しんこう》のみによりて固《かた》く信《しん》ずるなり。

かくも尊《とうと》き秘跡《ひせき》をば、われら伏《ふ》して拝《おが》みたてまつらん。いにしえの式《しき》は過《す》ぎ去《さ》りて新《あたら》しき祭《まつ》りはなれり。

願《ねが》わくは信仰《しんこう》の、わが五感《ごかん》の足《た》らざるところを補《おぎな》えよかし。

御父《おんちち》と御子《おんこ》に、誉《ほま》れと喜《よろこ》び、

礼拝《れいはい》とみ栄《さか》え、力《ちから》と祝福《しゅくふく》あれ、

二位《にい》より出《い》でたもう聖霊《せいれい》もまた共《とも》にたたえられよかし。

アーメン。

聖体《せいたい》を訪《と》いたてまつる時《とき》の祈《いの》り

わが主《しゅ》イエスよ、主《しゅ》は人《ひと》びとを愛《あい》したもうにより、昼夜聖《ちゅうやせい》体《たい》の秘跡《ひせき》にましまし、あわれみといつくしみとに満《み》ちあふれて人《ひと》びとを招《まね》き、すべて主《しゅ》を訪《と》いたてまつる者《もの》を恵《めぐ》みたもう。▲われこの聖体《せいたい》の秘跡《ひせき》に主《しゅ》のまことにましますことを信《しん》じ、ひれ伏《ふ》して主《しゅ》を礼拝《れいはい》し、またすべてわれに施《ほどこ》したまいしご恩《おん》、とくに、この秘跡《ひせき》をもって御身《おんみ》をわれに与《あた》え、聖母《せいぼ》マリアをわが代禱者《だいとうしゃ》となし、かつ今《いま》、われを主《しゅ》のみ前《まえ》に招《まね》きたまえるを感謝《かんしゃ》したてまつる。

われ今御恵《いまおんめぐ》みに感謝《かんしゃ》し、いつくしみ深《ふか》きみ心《こころ》をうやうやしく礼拝《れいはい》し、一《いち》には主《しゅ》がこの聖体《せいたい》の秘跡《ひせき》を定《さだ》めたまいし御恵《おんめぐ》みを謝《しゃ》し、二《に》には聖体《せいたい》の秘跡《ひせき》においてすべての敵《てき》より受《う》けたまいし辱《はずかし》めを償《つぐの》い、三《さん》には聖体《せいたい》の秘跡《ひせき》のうちに主《しゅ》を敬《うやま》い認《みと》めざる人《ひと》びとに代《か》わりて主《しゅ》を拝《おが》みたてまつらんとす。▲わが主《しゅ》イエスよ、わが一心《いっしん》に主《しゅ》を愛《あい》し、今《いま》までしばしば限《かぎ》りなき主《しゅ》のいつくしみに背《そむ》きしを悔《く》やみ、聖寵《せいちょう》の助《たす》けによりて、この後《のち》主《しゅ》に背《そむ》くまじと決心《けっしん》したてまつる。

われはわが身《み》を全《まった》く主《しゅ》にささげ、心《こころ》をも愛情《あいじょう》をも希望《きぼう》をも持《も》ち物《もの》をもことごとく主《しゅ》に任《まか》せたてまつる。▲願《ねが》わくは、今《いま》よりわれとわがすべてのものとにつきみ旨《むね》のままに計《はか》らいたまえ。ただ主《しゅ》を愛《あい》し、死《し》するまで耐《た》え忍《しの》びて、み旨《むね》を成就《じょうじゅ》せんことを願《ねが》いたてまつる。

また煉獄《れんごく》の霊魂《れいこん》を救《すく》い、とくに聖体《せいたい》と聖母《せいぼ》マリアとをあつく尊《とうと》みたる者《もの》を救《すく》いたまえ。あわれなる罪《つみ》びとにも御慈悲《おんじひ》の御《おん》まなこを注《そそ》ぎたまえ。ついにわが愛情《あいじょう》を、主《しゅ》のみ心《こころ》の愛情《あいじょう》に合《あ》わせて、これを永遠《えいえん》の御父《おんちち》にささげ、聖父《ちち》のこれを受《う》け入《い》れたまわんことを、主《しゅ》のみ名《な》によりて願《ねが》いたてまつる。アーメン。

（聖《せい》アルフォンソ）

イエスのみ心《こころ》に対《たい》する祈《いの》り（文語《ぶんご》）

人類《じんるい》の忘恩《ぼうおん》に対《たい》する償《つぐの》いの祈《いの》り

いと甘美《かんび》なるイエスよ、主《しゅ》が人《ひと》びとに示《しめ》したまいし御《おん》いつくしみはかえってかれらの忘恩《ぼうおん》と冷淡《れいたん》と軽蔑《けいべつ》とによりて報《むく》いらるるなり。さればわれらは、主《しゅ》の祭壇《さいだん》のみ前《まえ》にひれ伏《ふ》し、いとも愛《あい》すべき主《しゅ》のみ心《こころ》が、あらゆる方面《ほうめん》より受《う》けたもう、かくも憎《にく》むべき忘恩冒瀆《ぼうおんぼうとく》を償《つぐの》わんがために、とくに礼拝《れいはい》したてまつる。

▲されどわれらもまた、かつて主《しゅ》に背《そむ》きたてまつりたる者《もの》なるを思《おも》い出《だ》し、深《ふか》く悲《かな》しみて御《おん》あわれみを願《ねが》いたてまつる。われらはおのが罪《つみ》を償《つぐの》うのみならず、さらに進《すす》んで、救《きゅう》霊《れい》の途《みち》を遠《とお》ざかり、主《しゅ》の御招《おんまね》きに応《おう》ぜずして不信仰《ふしんこう》を改《あらた》めざる者《もの》、洗礼《せんれい》の約束《やくそく》を破《やぶ》りて、主《しゅ》の御戒《おんいまし》めの快《こころよ》き軛《くびき》を振《ふ》り棄《す》てたる人《ひと》びとの罪《つみ》をも償《つぐの》わんと望《のぞ》みたてまつる。すなわちわれらは、世《よ》の腐敗《ふはい》せる風俗《ふうぞく》、無垢《むく》なる青少年《せいしょうねん》の霊魂《れいこん》を堕落《だらく》の淵《ふち》に導《みちび》く誘惑《ゆうわく》、聖日《せいじつ》の無視《むし》、主《しゅ》ならびに主《しゅ》の諸聖人《しょせいじん》に向《む》けらるる不敬《ふけい》の言葉《ことば》、主《しゅ》の代理者《だいりしゃ》たる教皇《きょうこう》をはじめ、すべての司祭職《しさいしょく》に対《たい》してなされる侮辱《ぶじょく》、至聖《しせい》なる愛《あい》の秘跡《ひせき》に対《たい》する無《む》関心《かんしん》と恐《おそ》るべき瀆聖《とくせい》、主《しゅ》の定《さだ》めたまいし、教会《きょうかい》の権利《けんり》と権《けん》

威《い》とに逆《さか》らう、社会《しゃかい》の公然《こうぜん》の不義《ふぎ》のごとき悲《かな》しむべき種々《しゅじゅ》の罪《つみ》を、あまねく償《つぐの》いたてまつらんと欲《ほっ》す。ああ、かくのごとき罪《つみ》をば、われらの血潮《ちしお》もてことごとく洗《あら》い清《きよ》めんとすべもがな。われら今《いま》ここに、主《しゅ》のいと高《たか》き御霊威《ごれいい》に対《たい》する冒瀆《ぼうじょく》の償《つぐの》いとして、主《しゅ》がかつて十字架《じゅうじか》の上《うえ》にて御父《おんちち》にささげたまい、なお日《ひ》ごと祭壇《さいだん》の上《うえ》にて繰《く》り返《かえ》したもう償《つぐの》いに、童貞《どうてい》なる聖母《せいぼ》、諸聖人《しょせいじん》、およびすべての信心深《しんじんぶか》き信者《しんじゃ》の償《つぐの》いを合《あ》わせてささげたてまつり、堅固《けんご》なる信仰《しんこう》、汚《けが》れなき生活《せいかつ》、福音《ふくいん》の戒《いまし》め、ことに愛徳《あいとく》の完全《かんぜん》なる実行《じっこう》をもって、主《しゅ》の聖寵《せいちょう》の助《たす》けのもとに、われらおよび全人類《ぜんじんるい》の罪《つみ》と、主《しゅ》の大《おお》いなる御《おん》いつくしみに対《たい》する冷淡《れいたん》とを、わが力《ちから》の及《およ》ばん限《かぎ》り償《つぐの》い、全《ぜん》力《りょく》を尽《つ》くして、主《しゅ》に対《たい》する罪《つみ》びとの冒辱《ぼうじょく》を防《ふせ》ぎ、かつ能《あと》う限《かぎ》り多《おお》くの人《ひと》びとを、主《しゅ》の御許《おんもと》に呼《よ》び集《あつ》めんと心《こころ》より約束《やくそく》したてまつる。いと慈悲《じひ》深《ぶか》きイエスよ、願《ねが》わくは、至聖童貞《しせいどうてい》なる協償者《きょうしょうしゃ》マリアの御取《おんと》り次《つ》ぎによりて、われらが進《すす》みてささげたてまつる償《つぐの》いの約束《やくそく》を受《う》けたまいて、われらをして死《し》に至《いた》るまで忠実《ちゅうじつ》に主《しゅ》に仕《つか》え、天《てん》のふるさとに至《いた》る日《ひ》まで、この決心《けっしん》を固《かた》く保《たも》たしめたまえ。聖父《ちち》と聖霊《せいれい》と共《とも》に代々《よよ》に生《い》き、かつしろしめしたもう主《しゅ》なるかな。アーメン。

イエスのみ心《こころ》に家庭《かてい》をささぐる祈《いの》り

至聖《しせい》なるイエスのみ心《こころ》よ、主《しゅ》はかつて聖女《せいじょ》マルガリタ・マリアにキリスト信者《しんじゃ》の家庭《かてい》に王《おう》たらんとの御望《おんのぞ》みを明《あ》かしたまえり。▲われらは主《しゅ》のみ旨《むね》を尊《とうと》みて、今日《こんにち》ここに集《あつ》まり、主《しゅ》がわれらの家庭《かてい》の王《おう》にましますことを宣言《せんげん》したてまつる。われらは今《いま》より、主《しゅ》のご生活《せいかつ》に倣《なら》いたてまつりて、この世《よ》の平和《へいわ》に必要《ひつよう》なる諸徳《しょとく》の花《はな》を、われらの家庭《かてい》に咲《さ》き香《にお》わせ、また主《しゅ》の忌《い》み嫌《きら》いたもう世間的精神《せけんてきせいしん》をば、はるかにわれらの間《あいだ》より遠《とお》ざけんと欲《ほっ》す。願《ねが》わくは、われらの知恵《ちえ》を治《おさ》めて、信《しん》仰《こう》を素直《すなお》ならしめ、われらの心《こころ》をすべて、主《しゅ》ひとりを愛《あい》せしめたまえ。われらはしばしば聖体《せいたい》を拝領《はいりょう》して、主《しゅ》の愛《あい》に燃《も》え、その炎《ほのお》をいつまでも失《うしな》わざらんと欲《ほっ》す。▲至聖《しせい》なるイエスのみ心《こころ》よ、われらの惑《まど》いに長《おさ》となり、われらの精神的《せいしんてき》および物《ぶっ》質的事業《しつてきじぎょう》を祝《しゅく》したまえ。禍《わざわ》いを遠《とお》ざけ、喜《よろこ》びを神聖《しんせい》にし、苦《くる》しみを和《やわ》らげたまえ。われらのうちに、主《しゅ》のみ旨《むね》を痛《いた》めたてまつる不幸《ふこう》に陥《おちい》る者《もの》あらば、主《しゅ》が悔《く》い改《あらた》むる罪《つみ》びとに対《たい》していつくしみとあわれみとに満《み》ちあふれたもうことを、思《おも》い出《いだ》さしめたまえ。▲ついにわれらの家庭《かてい》が、死別《しべつ》の不幸《ふこう》に遭《あ》い、悲《かな》しみの雲《くも》に閉《と》ざされん時《とき》は、去《さ》る者《もの》も留《とど》まる者《もの》も、すべて主《しゅ》の永遠《えいえん》の御定《おんさだ》めに服従《ふくじゅう》したてまつらん。やがては全家《ぜんか》こぞりて天国《てんごく》に相集《あいあつ》まり、主《しゅ》のみ栄《さか》えと御恵《おんめぐ》みとを、永遠《えいえん》に賛《さん》美《び》する日《ひ》の来《き》たるべきことを思《おも》わば、みずから慰《なぐさ》むるに余《あま》りあるべし。願《ねが》わくは聖母《せいぼ》マリアの汚《けが》れなきみ心《こころ》と、栄《は》えある太祖聖《たいそせい》ヨセフとは、われらの家庭奉献《かていほうけん》を主《しゅ》のみ前《まえ》に取《と》り次《つ》ぎ、われらをして、今日《こんにち》のこの奉献《ほうけん》の記憶《きおく》を、終生忘《しゅうせいわす》れざらしめたまえ。願《ねが》わくは、われらの王《おう》にして、父《ちち》なるイエスのみ心《こころ》の、代々《よよ》に生《い》き、かつしろしめしたまわんことを。アーメン。

み心《こころ》の侮辱《ぶじょく》を償《つぐの》う決心《けっしん》の祈《いの》り

至聖《しせい》なるイエスのみ心《こころ》よ、主《しゅ》が多《おお》くの人《ひと》びとより辱《はずかし》められたもうを償《つぐの》わんために、われらは愛《あい》と忠実《ちゅうじつ》と、さらに深《ふか》き謙遜《けんそん》をもってみ前《まえ》にひれ伏《ふ》し、卑《いや》しきわが身《み》を新《あら》たにみ心《こころ》にささげ、今《いま》、次《つぎ》の約束《やくそく》をなしたてまつる。

われらの心《こころ》を聖《せい》ならしめたもうみ心《こころ》よ、世《よ》の人《ひと》びとが、主《しゅ》の聖寵《せいちょう》の妙理《みょうり》を辱《はずかし》むるとき、▲われらはいっそうみ心《こころ》の摂理《せつり》を深《ふか》く信《しん》じたてまつる。

人類《じんるい》の唯一《ゆいいつ》の希望《きぼう》なるみ心《こころ》よ、不信《ふしん》の暴風雨《ぼうふうう》が、われらの希望《きぼう》を奪《うば》わんとするとき、▲われらはいっそう主《しゅ》に希望《きぼう》したてまつる。

限《かぎ》りなく愛《あい》すべきみ心《こころ》よ、世《よ》の人《ひと》びとが、主《しゅ》の御《おん》いつくしみを拒《こば》むとき、▲われらはいっそう深《ふか》く主《しゅ》を愛《あい》したてまつる。

天主《てんしゅ》のみ心《こころ》よ、世《よ》の人《ひと》びとが、主《しゅ》のご神性《しんせい》を否《いな》むとき、▲われらはいっそう主《しゅ》を礼拝《れいはい》したてまつる。

至聖《しせい》なるみ心《こころ》よ、主《しゅ》の聖《せい》なる掟《おきて》が忘《わす》れられ、背《そむ》かるるとき、▲われらはいっそうこれを守《まも》らんと決心《けっしん》したてまつる。

豊《ゆた》かなる恵《めぐ》みを与《あた》えたもうみ心《こころ》よ、主《しゅ》の聖《せい》なる秘跡《ひせき》が軽《かろ》んぜられ忘《わす》れらるるとき、▲われらはいっそう愛《あい》と敬《うやま》いとをもって、これを受《う》けんと励《はげ》みたてまつる。

すべての善徳《ぜんとく》の模範《もはん》なるみ心《こころ》よ、主《しゅ》のあがむべき御徳《おんとく》が見《み》捨《す》てらるるとき、▲われらはいっそう主《しゅ》の善徳《ぜんとく》に倣《なら》わんと決《けっ》心《しん》したてまつる。

霊魂《れいこん》の救《すく》いをあつく望《のぞ》みたもうみ心《こころ》よ、悪魔《あくま》が人《ひと》びとの霊《れい》魂《こん》を亡《ほろ》ぼさんとするとき、▲われらはいっそうその救霊《きゅうれい》のために、励《はげ》まんと決心《けっしん》したてまつる。

辱《はずかし》めに飽《あ》かされたるみ心《こころ》よ、世《よ》の人《ひと》びとが高慢《こうまん》と快楽《かいらく》とのために、己《おのれ》の務《つと》めを忠実《ちゅうじつ》に尽《つ》くすを厭《いと》うとき、▲われらはいっそう己《おのれ》に打《う》ち勝《か》ち、犠牲《ぎせい》の心《こころ》を養《やしな》わんと決心《けっしん》したてまつる。

甘美《かんび》なるみ心《こころ》よ、世《よ》の人《ひと》びとが、主《しゅ》の聖会《せいかい》を軽《かろ》んずるとき、▲われらはいっそう聖会《せいかい》の忠実《ちゅうじつ》な子《こ》たらんと励《はげ》みたてまつる。

槍《やり》にて貫《つらぬ》かれたるみ心《こころ》よ、世《よ》の人《ひと》びとが、主《しゅ》の代理者《だいりしゃ》たる教皇《きょうこう》を迫害《はくがい》するとき、▲われらはいっそうかれを信頼《しんらい》し、かれのために祈《いの》らんと決心《けっしん》したてまつる。

祈願《きがん》　至聖《しせい》なるイエスのみ心《こころ》よ、われらをして、この世《よ》においてはみ心《こころ》の使徒《しと》として励《はげ》ましめ、天《てん》においては主《しゅ》のみ栄《さか》えとならしめんため、われらに聖寵《せいちょう》を降《くだ》し、われらの弱《よわ》さを強《つよ》めたまえ。▲アーメン。

すべての人《ひと》の心《こころ》の王《おう》たるキリストに向《む》かう祈《いの》り

主《しゅ》、イエス・キリストよ、われは主《しゅ》を宇宙《うちゅう》の王《おう》と認《みと》めたてまつる。▲一切《いっさい》の造《つく》られしものはみな主《しゅ》のためなれば、願《ねが》わくはわが上《うえ》に主《しゅ》のすべての権能《けんのう》を行使《こうし》したまえ。われここに洗礼《せんれい》の約束《やくそく》を新《あら》たにし、悪魔《あくま》とそのわざとその栄華《えいが》とを棄《す》て、よき信者《しんじゃ》として生《い》くることを誓《ちか》い、とくに天主《てんしゅ》と、主《しゅ》の公教会《こうきょうかい》との権利《けんり》が勝利《しょうり》を得《え》んために、わが力《ちから》の及《およ》ぶ限《かぎ》り尽《つ》くさんことを約束《やくそく》したてまつる。イエスのみ心《こころ》よ、われはすべての人《ひと》の心《こころ》が主《しゅ》の聖《せい》なる主権《しゅけん》を認《みと》めたてまつり、主《しゅ》の平和《へいわ》の支配《しはい》が全世界《ぜんせかい》に及《およ》ぶを得《え》んがために、わが貧《まず》しきわざをことごとくささげたてまつる。アーメン。

イエスのみ心《こころ》に人類《じんるい》をささげたてまつる祈《いの》り

人類《じんるい》の贖《あがな》い主《ぬし》にましますいとも甘美《かんび》なるイエスよ、うやうやしく主《しゅ》の祭壇《さいだん》のもとにひれ伏《ふ》したてまつるわれらを顧《かえり》みたまえ。▲われらは主《しゅ》のものなり。また主《しゅ》のものたらんと欲《ほっ》す。

されども、なお固《かた》く主《しゅ》と一致《いっち》するを得《え》んため、今《いま》おのおの進《すす》んで、至聖《しせい》なるみ心《こころ》に身《み》をささげたてまつる。人《ひと》びとのうちにはいまだ主《しゅ》を知《し》らざる者多《ものおお》く、また主《しゅ》の御戒《おんいまし》めを軽《かろ》んじて主《しゅ》を棄《す》てたてまつりし者多《ものおお》し。いとも慈悲深《じひぶか》きイエスよ、これらの者《もの》を皆《みな》あわれみたまいて、ことごとく主《しゅ》のみ心《こころ》に引《ひ》き寄《よ》せたまえ。主《しゅ》よ、こい願《ねが》わくは、かつて主《しゅ》を遠《とお》ざかりしことなき信者《しんじゃ》に王《おう》たるのみならず、主《しゅ》を離《はな》れたてまつりたる者《もの》にも王《おう》たりたまえ。かれらをして困苦《こんく》と飢餓《きが》とに滅《ほろ》ぶるを免《まぬが》れしめんために、早《はや》く父《ちち》の家《いえ》に帰《かえ》らしめたまえ。異説《いせつ》に迷《まよ》わされし者《もの》、あるいは不和《ふわ》のために主《しゅ》を離《はな》れし者《もの》にも王《おう》たりたまえ。かれらをして、真理《しんり》の港《みなと》と信仰《しんこう》の一致《いっち》とに帰《かえ》らしめ、やがて一人《ひとり》の牧者《ぼくしゃ》、一《ひと》つの群《む》れとなるを得《え》しめたまえ。主《しゅ》よ、主《しゅ》の公教会《こうきょうかい》には無事《ぶじ》と安全《あんぜん》なる自由《じゆう》とを賜《たま》い、万民《ばんみん》には秩序《ちつじょ》ある平安《へいあん》を賜《たま》いて、地《ち》の両極《りょうきょく》の間《あいだ》に、一《ひと》つの声《こえ》の鳴《な》り渡《わた》るを得《え》しめたまえ。すなわちわれらに救《たす》かりを与《あた》えたもう天主《てんしゅ》なるみ心《こころ》の賛美《さんび》せられ、代々《よよ》に栄《さか》えと尊崇《そんすう》とあらせたまえかし。アーメン。

聖母《せいぼ》マリアに対《たい》する祈《いの》り（文語《ぶんご》）

聖母《せいぼ》のご保護《ほご》を求《もと》むる祈《いの》り

▲慈悲深《じひぶか》き童貞《どうてい》マリア、ご保護《ほご》に拠《よ》りすがりて御助《おんたす》けを求《もと》め、あえて御取《おんと》り次《つ》ぎを願《ねが》える者《もの》、一人《ひとり》として棄《す》てられしこと、いにしえより今《いま》に至《いた》るまで、世《よ》に聞《き》こえざるを思《おも》いたまえ。ああ、童貞中《どうていちゅう》の童貞《どうてい》なる御母《おんはは》、われこれによりて頼《たの》もしく思《おも》いて走《は》せ来《き》たり、罪《つみ》びとの身《み》をもって、み前《まえ》に嘆《なげ》きたてまつる。ああ、み言葉《ことば》の御母《おんはは》、わが祈《いの》りを軽《かろ》んじたまわず、

御《おん》あわれみを垂《た》れて、これを聞《き》きたまえ、これを聞《き》き入《い》れたまえ。アーメン。
（聖《せい》ベルナルド）

聖母《せいぼ》に一切《いっさい》を託《たく》する祈《いの》り

わが元后《げんこう》、童貞聖《どうていせい》マリア、▲われは、御身《おんみ》の尊《とうと》きご保護《ほご》と、特別《とくべつ》なるご守護《しゅご》とのもとにわが身《み》を置《お》き、今日《こんにち》、毎日《まいにち》、また臨終《りんじゅう》の時《とき》、わが霊魂《れいこん》と肉身《にくしん》とを、あわれみ深《ふか》きみ手《て》のうちに任《まか》せたてまつる。われはわが一切《いっさい》の希望《きぼう》と喜《よろこ》び、困難《こんなん》と悲《かな》しみ、一生《いっしょう》と最後《さいご》とを御身《おんみ》にささげたてまつる。御身《おんみ》の御《おん》取《と》り次《つ》ぎと御勲《おんいさお》とによりて、われらのすべての仕業《しわざ》が、御《おん》身《み》と御子《おんこ》とのみ旨《むね》に添《そ》うよう導《みちび》きたまわんことを願《ねが》いたてまつる。アーメン。

（聖《せい》アロイジオ）

聖母《せいぼ》の汚《けが》れなきみ心《こころ》に日本《にっぽん》をささぐる祈《いの》り

いと清《きよ》きあわれみの御母《おんはは》、平和《へいわ》の元后《げんこう》なる聖《せい》マリアよ、われらは聖《せい》なる教会《きょうかい》の導《みちび》きに従《したが》い、今日《こんにち》、日本《にっぽん》および日本国民《にっぽんこくみん》を御身《おんみ》の汚《けが》れなきみ心《こころ》に奉献《ほうけん》し、そのすべてを御身《おんみ》の保護《ほご》に委《ゆだ》ねたてまつらんと欲《ほっ》す。

▲願《ねが》わくは聖母《せいぼ》、いつくしみの御《おん》まなざしもてわれらの心《こころ》をみそなわしたまえ。

ああ、人《ひと》びと真理《しんり》にうとく、その心《こころ》くらみ、罪《つみ》の汚《けが》れに染《そ》み、諸国《しょこく》はまた互《たが》いに分《わ》かれて相争《あいあらそ》い、天主《てんしゅ》の霊威《れいい》を傷《きず》つけ、御身《おんみ》のみ心《こころ》を悲《かな》しませ参《まい》らするなり。

▲されどわれら日本国民《にっぽんこくみん》は、ひたすらに光《ひかり》を慕《した》い、平和《へいわ》をこい願《ねが》うものなれば、願《ねが》わくは聖母《せいぼ》、御《おん》あわれみのみ心《こころ》を開《ひら》きて、われらの願《ねが》いを聞《き》きたまえ。われら今《いま》、この世《よ》のすべての苦《くる》しみ、悩《なや》みを雄々《おお》しく耐《た》え忍《しの》び、そを世《よ》の罪《つみ》の償《つぐの》いとして、天主《てんしゅ》にささげ、その御怒《おんいか》りをなだめたてまつり、わけても御身《おんみ》の汚《けが》れなきみ心《こころ》に倣《なら》いて、主《しゅ》のみ旨《むね》を重《おも》んじ、身《み》を清《きよ》く持《じ》して、聖《せい》なる一生《いっしょう》を送《おく》らんと決心《けっしん》す。

▲願《ねが》わくは聖母《せいぼ》、力《ちから》あるみ手《て》を伸《の》べて、われらの弱《よわ》きを助《たす》

けたまえ。

かくて、われらは同胞《どうほう》、相互《あいたが》いに助《たす》け励《はげ》まし、諸国《しょこく》は正義《せいぎ》と愛《あい》のきずなもて結《むす》ばれ、もって世界《せかい》は、とこしなえの平和《へいわ》を楽《たの》しむに至《いた》らんことを望《のぞ》む。

▲願《ねが》わくは、御身《おんみ》、慈母《じぼ》の愛《あい》もてわれらを守《まも》りたまえ。

▲天主《てんしゅ》の聖母《せいぼ》、われらのために祈《いの》りたまえ。

キリストの御約束《おんやくそく》にわれらをかなわしめたまえ。

祈願《きがん》　全能永遠《ぜんのうえいえん》なる天主《てんしゅ》、主《しゅ》は童貞聖《どうていせい》マリアのみ心《こころ》のうちに聖霊《せいれい》のいみじき御宿《おんやど》をしつらえたまいたるにより、願《ねが》わくは、御《おん》あわれみを垂《た》れて、かの汚《けが》れなき聖母《せいぼ》のみ心《こころ》に日本《にっぽん》をささげたてまつりたるわれらをして、主《しゅ》のみ心《こころ》に添《そ》いて生《い》くるを得《え》しめたまえ。われらの主《しゅ》キリストによりて願《ねが》いたてまつる。▲アーメン。

聖《せい》マリアに身《み》をささぐる祈《いの》り

天主《てんしゅ》の御母《おんはは》にしてわれらの母《はは》なる童貞聖《どうていせい》マリアよ、御身《おんみ》は造《つく》られしもののうちにて類《たぐ》いなく、かつ善徳《ぜんとく》の鑑《かがみ》にましませばわれ御膝下《おんひざもと》にひれ伏《ふ》して、御身《おんみ》が天主《てんしゅ》より恵《めぐ》まれたまいしを賛美《さんび》し、慎《つつし》みてわが身《み》をささげたてまつる。▲なお諸天《しょてん》使《し》・諸聖人《しょせいじん》の、常《つね》に尽《つ》くせる敬《うやま》いと愛《あい》とをささげんと欲《ほっ》すれども能《あたわ》ざれば、せめて力《ちから》のあらん限《かぎ》り賛美《さんび》し、かつ仕《つか》えまつらんと欲《ほっ》し、守護《しゅご》の天使《てんし》、諸聖人《しょせいじん》の前《まえ》にて、一心《いっしん》に尊《とうと》み敬《うやま》い、わがいつくしみ深《ふか》き母《はは》、わが元后《げんこう》、わが保護者《ほごしゃ》と仰《あお》ぎ頼《たの》み、わが肉身《にくしん》と五感《ごかん》、わが霊魂《れいこん》と知恵《ちえ》、ならびにわが愛情《あいじょう》、わが生命《いのち》をも任《まか》せたてまつる。われ終生《しゅうせい》、聖母《せいぼ》の子《こ》たるを楽《たの》しみ、聖母《せいぼ》の僕《しもべ》たるを高《たか》き位《くらい》よりも重《おも》んじ、み名《な》をほめ、御恵《おんめぐ》みを人《ひと》に顕《あら》わし、ひとえに仕《つか》えたてまつらん。願《ねが》わくはこの志《こころざし》をあわれみて、これを果《は》たすを得《え》しめたまえ。聖母《せいぼ》は絶《た》えずわれらを思《おも》いて、恵《めぐ》みを与《あた》えんと計《はか》りたまえば、われ、いかで一日《いちにち》もこれを忘《わす》るるを得《え》んや。ああ聖母《せいぼ》、われを守《まも》りたまわばわれに足《た》らざるところなからん。故《ゆえ》にこの涙《なみだ》の谷《たに》より、御助《おんたす》けをひとえに仰《あお》ぎ頼《たの》みたてまつる。

ああ聖母《せいぼ》よ、悪《あ》しきへびあり、絶《た》えず謀計《ぼうけい》をめぐらしてわれを傷《きず》つけ害《そこな》わんとす。▲御身《おんみ》はかのへびの強《つよ》くして、わが弱《よわ》きことをよく知《し》りたまえば、いつにても、いずこにても、われを棄《す》てたまわず、み足《あし》もて、かれが頭《こうべ》を踏《ふ》み砕《くだ》きたまえ。ああ聖母《せいぼ》よ、浮《う》き世《よ》の波風《なみかぜ》は常《つね》に吹《ふ》き荒《すさ》みて、われを漂《ただよ》わし沈《しず》めんとす。御身《おんみ》は海路《うみじ》の難《かと》うして、わが危《あや》うきをはるかに見《み》たまえば、こい願《ねが》わくは希望《きぼう》の星《ほし》となり、終《お》わりなき安楽《あんらく》の港《みなと》に、われを導《みちび》きたまえ。ついに諸聖人《しょせいじん》と共《とも》に、限《かぎ》りなくみ名《な》をほめ、御恵《おんめぐ》みを謝《しゃ》し、共《とも》に天主《てんしゅ》を愛《あい》し、かつ賛美《さんび》するを得《え》しめたまわんことを、聖母《せいぼ》の御《おん》いつくしみによりて願《ねが》いたてまつる。アーメン。

聖《せい》ヨセフへの祈《いの》り（口語《こうご》）

この祈《いの》りは、聖《せい》ヨセフに対《たい》する信心《しんじん》に関《かん》する教皇《きょうこう》レオ十三世《せい》の回勅《かいちょく》「クアムクアム・プルリエス」（一八八九年《ねん》八月《がつ》十五日《にち》）と共《とも》に発表《はっぴょう》されました。

聖《せい》ヨセフよ、わたしたちは苦難《くなん》の中《なか》からあなたにより頼《たの》み、あなたの妻《つま》、聖《せい》マリアの助《たす》けとともに、あなたの保護《ほご》を心《こころ》から願《ねが》い求《もと》めます。あなたと汚《けが》れないおとめマリアを結《むす》んだ愛《あい》、幼子《おさなご》イエスを抱《だ》いた父《ちち》の愛《あい》に信頼《しんらい》して、心《こころ》から祈《いの》ります。

イエス・キリストがご自分《じぶん》の血《ち》によってあがなわれた世界《せかい》をいつくしみ深《ふか》く顧《かえり》み、困難《こんなん》のうちにあるわたしたちに、力強《ちからづよ》い助《たす》けをお与《あた》えください。

聖家族《せいかぞく》の賢明《けんめい》な守護者《しゅごしゃ》よ、イエス・キリストの選《えら》ばれた子《こ》らを見守《みまも》ってください。愛《あい》に満《み》ちた父《ちち》ヨセフよ、わたしたちから過《あやま》ちと腐敗《ふはい》をもたらすあらゆる悪《あく》を遠《とお》ざけてください。力強《ちからづよ》い保護者《ほごしゃ》よ、闇《やみ》の力《ちから》と戦《たたか》うわたしたちを顧《かえり》み、天《てん》から助《たす》けを与《あた》えてください。かつて幼子《おさなご》イエスをいのちの危険《きけん》から救《すく》ったように、今《いま》も神《かみ》の聖《せい》なる教会《きょうかい》を、あらゆる敵意《てきい》と悪《あく》意《い》から守《まも》ってください。わたしたち一人《ひとり》ひとりを、いつも守《まも》ってください。あなたの模範《もはん》と助《たす》けに支《ささ》えられて聖《せい》なる生《せい》活《かつ》を送《おく》り、信仰《しんこう》のうちに死《し》を迎《むか》え、天《てん》における永遠《えいえん》の幸《しあわ》せにあずかることができますように。アーメン。

（二〇二一年《ねん》二月《がつ》十六日《にち》　日本《にほん》カトリック司教《しきょう》協《きょう》議《ぎ》会《かい》定例《ていれい》司《し》教《きょう》総会《そうかい》認可《にんか》）

聖《せい》ヨセフに対《たい》する祈《いの》り(文語《ぶんご》)

教会《きょうかい》の保護者《ほごしゃ》なる聖《せい》ヨセフに向《む》かう祈《いの》り

幸《さいわ》いなるヨセフよ、われら困難《こんなん》のうちに御身《おんみ》に拠《よ》りすがり、かつ御身《おんみ》のいと尊《とうと》き浄配《じょうはい》の助《たす》けを求《もと》めたれば、また御身《おんみ》の御《ご》保護《ほご》をも頼《たの》もしく願《ねが》いたてまつる。▲御身《おんみ》は天主《てんしゅ》の聖母《せいぼ》なる汚《けが》れなき童貞《どうてい》と結《むす》ばれたるいつくしみあり、幼《おさな》きイエスに尽《つ》くしたる父《ちち》の愛《あい》あれば、またイエス・キリストがその御血《おんち》をもって贖《あがな》い得《え》たまえる家督《かとく》を、いっそうあわれみて顧《かえり》み、かつすべてわれらの急《きゅう》に迫《せま》れる時《とき》、助力《じょりょく》と救援《きゅうえん》とを下《くだ》したまわんことを、伏《ふ》して願《ねが》いたてまつる。

聖家族《せいかぞく》のいと忠実《ちゅうじつ》なる守護者《しゅごしゃ》よ、イエス・キリストの選《えら》ばれたる末《すえ》を守《まも》りたまえ。▲いつくしみ深《ふか》き父《ちち》よ、われらのために、すべての誤《あやま》りと腐敗《ふはい》との伝染《でんせん》を防《ふせ》ぎたまえ。いと強《つよ》き保護者《ほごしゃ》よ、われらが闇《やみ》の権威《けんい》と戦《たたか》うをあわれみて、天《てん》より助《たす》けを垂《た》れたまえ。また昔幼《むかしおさな》きイエスを、いのちの危険《きけん》より救《すく》いしごとく、今《いま》も公《こう》教会《きょうかい》を守《まも》りて、敵《てき》のわなと、すべての困難《こんなん》とを免《まぬが》れしめたまえ。かつ常《つね》にわれらをことごとく保護《ほご》し、われらをして御身《おんみ》に倣《なら》わしめ、御助《おんたす》けによりて、聖《せい》なる一生《いっしょう》を送《おく》り、信心《しんじん》をもって死《し》し、天国《てんごく》の永遠《えいえん》なる福楽《ふくらく》に至《いた》ることを得《え》しめたまえ。アーメン。

聖《せい》ヨセフに向《む》かいて貞徳《ていとく》を求《もと》むる祈《いの》り

▲御身《おんみ》は純潔《じゅんけつ》そのものにましますイエスと、童貞中《どうていちゅう》の童貞《どうてい》にまします聖《せい》マリアとの、忠実《ちゅうじつ》なる守護者《しゅごしゃ》と選《えら》ばれたまえり。願《ねが》わくは、御身《おんみ》に託《たく》せられたる最愛《さいあい》のイエスとマリアとによりて、われをしてすべての汚《けが》れを免《まぬが》れしめ、精神《せいしん》も、心《こころ》も、身体《しんたい》も、清浄潔白《しょうじょうけっぱく》にして、完全《かんぜん》なる貞潔《ていけつ》を保《たも》ちながら、絶《た》えずイエスとマリアに仕《つか》えしめたまわんことを、ひたすらこい願《ねが》いたてまつる。

童貞者《どうていしゃ》の父《ちち》かつ保護者《ほごしゃ》なる聖《せい》ヨセフ、

アーメン。

天使《てんし》・諸聖人《しょせいじん》に対《たい》する祈《いの》り（文語《ぶんご》）

守護《しゅご》の天使《てんし》に向《む》かう祈《いの》り

わが守護《しゅご》の天使《てんし》、御身《おんみ》は天主《てんしゅ》の御摂理《おんせつり》によりて、わが終生《しゅうせい》の友《とも》となりたまえり。御身《おんみ》の尊《とうと》き御保護《ごほご》と、絶《た》えざる御導《おんみちび》きとを感謝《かんしゃ》したてまつる。▲願《ねが》わくは、御身《おんみ》の強《つよ》き御翼《おんつばさ》もて弱《よわ》きわが霊魂《れいこん》を覆《おお》い、危険《きけん》を免《まぬが》れしめたまえ。苦《くる》しみに遭《あ》うとも落胆《らくたん》することなく、幸運《こううん》においても思《おも》いあがることなく、世俗《せぞく》とその精神《せいしん》に流《なが》さるることなく、貧《まず》しき人《ひと》をないがしろにすることなく、主《しゅ》の御《おん》いつくしみにより、御身《おんみ》に委《ゆだ》ねられるわが一生《いっしょう》が、すべて御身《おんみ》の喜《よろこ》びとなるよう、われを導《みちび》き、われを励《はげ》まし、われを強《つよ》めたまえ。われを離《はな》さず、わが足《あし》のつまずかざらんよう、清《きよ》きみ手《て》もてわれを支《ささ》え、われを守《まも》りたまえ。アーメン。

天使《てんし》の保護《ほご》を求《もと》むる祈《いの》り

ああ天主《てんしゅ》、主《しゅ》はくすしき階級《かいきゅう》を立《た》てて天使《てんし》と人《ひと》との聖役《せいえき》を分《わ》かちたまえり。願《ねが》わくは天《てん》において主《しゅ》のみ前《まえ》に仕《つか》うる天使《てんし》をして、地上《ちじょう》におけるわれらを守《まも》らしめたまわんことを。われらの主《しゅ》キリストによりて願《ねが》いたてまつる。アーメン。

聖《せい》ペトロと聖《せい》パウロに対《たい》する祈《いの》り

主《しゅ》イエス・キリスト、主《しゅ》はよろずの人《ひと》の救霊《きゅうれい》のため公教会《こうきょうかい》を建《た》て、聖《せい》ペトロを頭《かしら》と選《えら》び、これに天国《てんごく》の鍵《かぎ》を与《あた》えたまえり。また聖《せい》パウロを回心《かいしん》せしめて、異邦人《いほうじん》の使徒《しと》を選《えら》びたまいき。▲願《ねが》わくはわれらも両使徒《りょうしと》のみ教《おし》えを守《まも》り、天主《てんしゅ》を愛《あい》し、主《しゅ》の浄配《じょうはい》なる公教会《こうきょうかい》に従《したが》い、その頭《かしら》なる教皇《きょうこう》と一致《いっち》し、正《ただ》しき信仰《しんこう》を守《まも》るを得《え》んことをひたすらこい願《ねが》いたてまつる。アーメン。

日本《に》二十六聖人殉教者《ほんにじゅうろくせいじんじゅんきょうしゃ》の信仰《しんこう》を求《もと》むる祈《いの》り

主《しゅ》イエス・キリスト、主《しゅ》は十字架《じゅうじか》の刑《けい》によりて、聖《せい》ペトロ・バプチスタ、聖《せい》パウロ三木《みき》、およびその他《た》の殉教者《じゅんきょうしゃ》をして、主《しゅ》の御鑑《おんかがみ》に倣《なら》わしめ、日本国民《にっぽんこくみん》の信仰《しんこう》の初穂《はつほ》として、かれらの鮮血《せんけつ》を納《おさ》めたまえり。▲願《ねが》わくは、二十六聖殉教者《にじゅうろくせいじゅんきょうしゃ》の御《おん》取《と》り次《つ》ぎによりて、堅固《けんご》なる信仰《しんこう》と迫害《はくがい》に堪《たえ》うる勇気《ゆうき》とをわれらに得《え》しめたまえ。アーメン。

聖《せい》フランシスコ・ザベリオに倣《なら》いて善徳《ぜんとく》を求《もと》むる祈《いの》り

ああ天主《てんしゅ》、主《しゅ》は聖《せい》フランシスコ・ザベリオの奇跡《きせき》と聖役《せいえき》とによりて、わが同胞《どうほう》に主《しゅ》のみ教《おし》えを伝《つた》えたまえり。▲願《ねが》わくは、その栄《は》えある功徳《くどく》をたたうるわれらをして、その善徳《ぜんとく》を学《まな》ばしめたまえ。われらの主《しゅ》キリストによりて願《ねが》いたてまつる。アーメン。

幼《おさな》きイエスの聖《せい》テレジアの精神《せいしん》を求《もと》むる祈《いの》り

主《しゅ》イエス・キリスト、主《しゅ》はかつて、汝《なんじ》らもし幼児《おさなご》のごとくならざれば、天国《てんごく》に入《はい》ること能《あた》わざるべしと宣《のたま》えり。▲さればわれらをして、謙遜《けんそん》と単純《たんじゅん》なる心《こころ》とをもって、聖《せい》テレジアの跡《あと》を慕《した》わしめ、天国《てんごく》の永福《えいふく》を受《う》くるを得《え》しめたまわんことを、主《しゅ》の御《おん》いつくしみによりて願《ねが》いたてまつる。アーメン。

病者《びょうしゃ》のための祈《いの》り（文語《ぶんご》）

病人《びょうにん》の回復《かいふく》を求《もと》むる祈《いの》り

ああイエスよ、主《しゅ》はかつてこの世《よ》にましませし時《とき》、主《しゅ》を信《しん》頼《らい》したてまつる者《もの》に対《たい》して、常《つね》に御《おん》あわれみと御力《おんちから》とを現《あらわ》し、その悩《なや》みを除《のぞ》き、憂《うれ》いを慰《なぐさ》め、病《やまい》を癒《い》やしたまえり。▲主《しゅ》はいつも御《おん》あわれみに満《み》ちたもうが故《ゆえ》に、『主《しゅ》よ、御身《おんみ》の愛《あい》したもう者《もの》病《や》めり』と叫《さけ》びたてまつるわれらの祈《いの》りを聞《き》きたまい、思《おぼ》し召《め》しならば、全能《ぜんのう》の御手《おんて》をこの病人《びょうにん》の上《うえ》に伸《の》べ、その健康《けんこう》を回復《かいふく》せしめたまえ。われら罪《つみ》びとなれども、病人《びょうにん》の回復《かいふく》なる聖母《せいぼ》マリアの御取《おんと》り次《つ》ぎによりて、この切《せつ》なる祈《いの》りを主《しゅ》にささげたてまつる。アーメン。

病中忍耐《びょうちゅうにんたい》の徳《とく》を求《もと》むる祈《いの》り

完徳《かんとく》の鑑《かがみ》にましますイエス、われ病床《びょうしょう》にありてゲッセマネにおける主《しゅ》に倣《なら》い、『思《おぼ》し召《め》しのままになれかし』と御父《おんちち》に祈《いの》らんと欲《ほっ》す。願《ねが》わくはわれをして主《しゅ》の御忍耐《ごにんたい》に学《まな》ばしめたまえ。主《しゅ》はわれらを愛《あい》していかなる苦難《くなん》をも、十字架《じゅうじか》をも厭《いと》いたまわざりしが故《ゆえ》に、われもまた主《しゅ》の愛《あい》の故《ゆえ》に、すべての苦悩《くのう》を甘《あま》んじ受《う》くるを得《え》しめたまえ。主《しゅ》は御受難《ごじゅなん》と御死去《ごしきょ》とによりて、われらの罪《つみ》を償《つぐの》いたまいしが故《ゆえ》に、われもまた、わが犯《おか》したる罪《つみ》の償《つぐの》いとして、この病苦《びょうく》を忍《しの》ばしめたまえ。不満《ふまん》と失望《しつぼう》とに陥《おちい》ることなく、かえって苦痛《くつう》を忍《しの》びて永遠《えいえん》のいのちを受《う》くる勲《いさお》を樹《た》てしめたまえ。またかつて主《しゅ》が御霊《ごれい》魂《こん》を御父《おんちち》のみ手《て》に委《ゆだ》ねたまいしごとく、われをして臨終《りんじゅう》の時《とき》、わが霊魂《れいこん》を主《しゅ》のみ手《て》に任《まか》せたてまつることを得《え》しめたまえ。アーメン。

死《し》に臨《のぞ》める人《ひと》びとのためにする祈《いの》り

ああ天主《てんしゅ》、われは今日全世界《こんにちぜんせかい》に行《おこな》われるすべてのミサ聖祭《せいさい》を、今日死《こんにちし》に臨《のぞ》める人《ひと》びとのため、とくにささげたてまつる。▲願《ねが》わくは救世主《きゅうせいしゅ》イエスの尊《とうと》き御血《おんち》の功徳《くどく》によりて、かれらに御慈悲《おんじひ》をこうむらしめたまわんことを。アーメン。

死者《ししゃ》のための祈《いの》り（文語《ぶんご》）

すべての死者《ししゃ》のための祈《いの》り

主《しゅ》よ、われらみまかりし者《もの》の霊魂《れいこん》のために祈《いの》りたてまつる。願《ねが》わくは、そのすべての罪《つみ》を赦《ゆる》し、終《お》わりなきいのちの港《みなと》に至《いた》らしめたまえ。アーメン。

主《しゅ》よ、永遠《えいえん》の安息《あんそく》をかれらに与《あた》え、▲絶《た》えざる光《ひかり》をかれらの上《うえ》に照《て》らしたまえ。

祈願《きがん》　すべての人《ひと》の救霊《きゅうれい》を望《のぞ》み、罪《つみ》びとに赦《ゆる》しを与《あた》えたもう天主《てんしゅ》、主《しゅ》の御《おん》あわれみを切《せつ》に願《ねが》いたてまつる。願《ねが》わくは、終生童貞《しゅうせいどうてい》なる聖《せい》マリア、および諸聖人《しょせいじん》の御取《おんと》り次《つ》ぎによりて、すでにこの世《よ》を去《さ》りしわが親《おや》、兄弟《きょうだい》、姉妹《しまい》、親族《しんぞく》、恩人《おんじん》、友人《ゆうじん》に永遠《えいえん》の福楽《ふくらく》を与《あた》えたまわんことを、われらの主《しゅ》イエス・キリストによりて願《ねが》いたてまつる。▲アーメン。

デ・プロフンディス（詩編《しへん》129）

主《しゅ》よ、われ深《ふか》き淵《ふち》より主《しゅ》に叫《さけ》びたてまつれり。主《しゅ》よ、わが声《こえ》を聞《き》き入《い》れたまえ。

▲願《ねが》わくは、わが願《ねが》いの声《こえ》に御耳《おんみみ》を傾《かたむ》

けたまえ。

主《しゅ》よ、もし不義《ふぎ》に御目《おんめ》を留《とど》めたまわば、主《しゅ》よ、たれかよく立《た》つことを得《え》ん。▲されど主《しゅ》に御《おん》あわれみあるにより、また主《しゅ》の御戒《おんいまし》めのために、主《しゅ》よ、われは主《しゅ》に拠《よ》り頼《たの》めり。
わが魂《たましい》は主《しゅ》の御言葉《おんことば》に拠《よ》り頼《たの》み、わが魂《たましい》は主《しゅ》に希望《きぼう》せり。

▲朝《あさ》より夜《よる》に至《いた》るまで、イスラエルは主《しゅ》に希望《きぼう》すべし。
そは主《しゅ》の御許《おんもと》にあわれみあり、また豊《ゆた》かなる贖《あがな》いあればなり。▲主《しゅ》は御《おん》みずからイスラエルをそのすべての不義《ふぎ》より贖《あがな》いたまわん。

主《しゅ》よ、永遠《えいえん》の安息《あんそく》をかれらに与《あた》え、▲絶《た》えざる光《ひかり》をかれらの上《うえ》に照《て》らしたまえ。

祈願《きがん》　すべての信者《しんじゃ》の創造主《そうぞうしゅ》、かつ贖《あがな》い主《ぬし》にましします天《てん》主《しゅ》、主《しゅ》の僕《しもべ》らの霊魂《れいこん》に、すべての罪《つみ》の赦《ゆる》しを与《あた》えたまえ。願《ねが》わくは、かれらが絶《た》えず望《のぞ》みたてまつりし赦《ゆる》しをば、われらの切《せつ》なる祈《いの》りによりてこうむらしめたまえ。代々《よよ》に生《い》きかつしろしめしたもう主《しゅ》によりて願《ねが》いたてまつる。▲アーメン。

主《しゅ》よ、永遠《えいえん》の安息《あんそく》をかれらに与《あた》え、▲絶《た》えざる光《ひかり》をかれらの上《うえ》に照《て》らしたまえ。

かれらの安《やす》らかに憩《いこ》わんことを。▲アーメン。

種々《しゅじゅ》の祈《いの》り（文語《ぶんご》）

キリストに向《む》かう祈《いの》り

願《ねが》わくはキリストの御魂《おんたましい》われを聖《せい》ならしめ、キリストの御体《おんからだ》われを救《すく》い、キリストの御血《おんち》われを酔《よ》わしめ、キリストの御脇腹《おんわきばら》より滴《したた》りし水《みず》われを清《きよ》め、キリストの御受難《ごじゅなん》われを強《つよ》めんことを。▲慈愛深《じあいふか》きキリスト、わが願《ねが》いを聞《き》き入《い》れ、御傷《おんきず》のうちにわれを隠《かく》したまえ。主《しゅ》を離《はな》るるを許《ゆる》したまわず、悪魔《あくま》のわなよりわれを守《まも》りたまえ。臨終《りんじゅう》の時《とき》にわれを招《まね》き、主《しゅ》の御許《おんもと》に至《いた》らしめ、諸聖人《しょせいじん》と共《とも》に、代々《よよ》に主《しゅ》を賛美《さんび》するを得《え》しめたまえ。アーメン。

十字架上《じゅうじかじょう》のイエスに向《む》かう祈《いの》り

仁慈《じんじ》にしていとも甘美《かんび》なるイエス、▲われみ前《まえ》にひざまずき、ひれ伏《ふ》したてまつる。預言者《よげんしゃ》ダビデが主《しゅ》につきて、『かれらはわが手《て》わが足《あし》を貫《つらぬ》き、わが骨《ほね》をことごとく数《かぞ》えたり』と言《い》いし御有様《おんありさま》を、今目前《いまもくぜん》に見《み》たてまつりつつ、心《こころ》の大《おお》いなる愛情《あいじょう》と苦痛《くつう》とをもって、主《しゅ》の五《いっ》つの御傷《おんきず》をひたすら眺《なが》め、かつ心《こころ》にて思《おも》いめぐらしたてまつる。信望愛《しんぼうあい》の激《はげ》しき感情《かんじょう》と、わが罪《つみ》のまことの痛悔《つうかい》と、これを改《あらた》むる最《もっと》も固《かた》き決心《けっしん》とを、わが心《こころ》にしみ通《とお》らせたまわんことをひとえに願《ねが》いたてまつる。アーメン。

自己《じこ》をささぐる祈《いの》り

主《しゅ》よ、願《ねが》わくはわが自由《じゆう》を受《う》け入《い》れたまえ。わが記憶《きおく》、わが知恵《ちえ》、またわが意思《いし》をことごとく受《う》け入《い》れたまえ。わが持《も》てるものはみな主《しゅ》の賜物《たまもの》なり。われはすべてを主《しゅ》に返《かえ》し、主《しゅ》のみ旨《むね》のままにささげたてまつる。ただ、主《しゅ》の聖寵《せいちょう》と共《とも》に主《しゅ》の御愛《おんあい》をわれに与《あた》えたまえ。さらばわれは満《み》ち足《た》りて、他《た》の

何物《なにもの》をもあえて願《ねが》わじ。アーメン。（聖《せい》イグナチオ）

教皇《きょうこう》のためにする祈《いの》り

われらの教皇《きょうこう》（……み名《な》）のために祈《いの》らん。▲主《しゅ》願《ねが》わくは、教皇《きょうこう》を守《まも》り、かつ永《なが》らえしめ、この世《よ》において幸《さいわ》いならしめ、敵《てき》の手《て》に渡《わた》したまわざらんことを。

汝《なんじ》は岩《ペトロ》なり。▲われこの岩《いわお》の上《うえ》にわが教会《きょうかい》を建《た》てん。

祈願《きがん》　すべての信者《しんじゃ》の牧者《ぼくしゃ》、かつ主宰者《しゅさいしゃ》にまします天主《てんしゅ》、主《しゅ》は御摂理《おんせつり》によりて主《しゅ》の僕《しもべ》なる（……み名《な》）を教会《きょうかい》の牧者《ぼくしゃ》として、これを司《つかさ》どらしめたまえり。願《ねが》わくは教皇《きょうこう》の上《うえ》に御慈《おんじ》悲《ひ》を垂《た》れ、その教訓《きょうくん》と模範《もはん》とによりて、すべての信者《しんじゃ》をますます善徳《ぜんとく》に進《すす》ましめ、委《ゆだ》ねられたる群《む》れと共《とも》に、永遠《えいえん》のいのちに至《いた》るを得《え》しめたまえ。われらの主《しゅ》キリストによりて願《ねが》いたてまつる。▲アーメン。

司祭《しさい》のための祈《いの》り

永遠《えいえん》の司祭《しさい》にましますイエスよ、願《ねが》わくは主《しゅ》のみ心《こころ》を御身《おんみ》の僕《しもべ》なる司祭《しさい》の避難所《ひなんじょ》となしたまえ。かしこにては何人《なんぴと》もかれらを害《そこな》うこと能《あた》わず。

▲願《ねが》わくは日々《ひび》御身《おんみ》の尊《とうと》き御体《おんからだ》に触《ふ》るる司祭《しさい》らの手《て》を清《きよ》く

保《たも》ちたまえ。　御身《おんみ》の尊《とうと》き御血《おんち》に染《そ》まるくちびるを汚《けが》れなく守《まも》りたまえ。

願《ねが》わくは御身《おんみ》の輝《かがや》かしき司祭職《しさいしょく》のいみじき印《しるし》もて印《しる》されし司祭《しさい》の心《こころ》を、清《きよ》く汚《けが》れなく守《まも》りたまえ。　御身《おんみ》の尊《とうと》き愛《あい》もてかれらを守《まも》り、世《よ》の悪習《あくしゅう》を免《まぬが》れしめたまえ。

願《ねが》わくは豊《ゆた》かなる御恵《おんめぐ》みの果実《かじつ》もてかれらの働《はたら》きを祝《しゅく》し、かれらに委《ゆだ》ねられし霊魂《れいこん》は、地上《ちじょう》にてはかれらの喜《よろこ》び、慰《なぐさ》めとなり、天上《てんじょう》にては永遠《えいえん》に輝《かがや》けるかれらの冠《かんむり》とならんことを。

アーメン。

御召《おめ》しを求《もと》むる祈《いの》り

主《しゅ》イエスよ、主《しゅ》はかつて使徒《しと》たちに向《む》かいて『穫《と》り入《い》れは多《おお》けれども働《はたら》く者《もの》は少《すく》なし。故《ゆえ》に働《はたら》く者《もの》をその穫《と》り入《い》れに遣《つか》わさんことを、穫《と》り入《い》れ主《ぬし》なる御父《おんちち》に祈《いの》れ』と宣《のたま》えり。

▲願《ねが》わくはわれらのうちより、司祭《しさい》または修道者《しゅうどうしゃ》となりて働《はたら》く多《おお》くの人《ひと》びとを選《えら》びて、主《しゅ》の公教会《こうきょうかい》に遣《つか》わしたまわんことを、われらの母《はは》なる童貞聖《どうていせい》マリアの御取《おんと》り次《つ》ぎによりてこい願《ねが》いたてまつる。アーメン。

使徒《しと》の元后《げんこう》、▲われらのために祈《いの》りたまえ。

父母《ふぼ》のためにする祈《いの》り

天《てん》にましますわれらの父《ちち》よ、▲主《しゅ》はわれらに父母《ふぼ》を敬《うやま》うべしと命《めい》じたまい、これを愛《あい》せしめ、これに仕《つか》えしめ、そのために祈《いの》らしめ、子《こ》たるの道《みち》を尽《つ》くさしめたもう。父母《ふぼ》はわれを生《う》み、かつ育《そだ》てんがために、苦労《くろう》、困難《こんなん》をしのぎたれば、われをしてこれに報《むく》ゆるを得《え》しめたまえ。願《ねが》わくは、その霊魂《こん》と肉身《にくしん》とを助《たす》けて、永《なが》く生《い》きながら得《え》しめ、主《しゅ》がいにしえの太祖《たいそ》に約束《やくそく》したまいしあまたの御恵《おんめぐ》みをかれらにも与《あた》えたまえ。しかしてこの世《よ》においては、みずからの善業《ぜんぎょう》の功徳《くどく》を積《つ》み、かつ子孫《しそん》の徳行《とくこう》を見《み》て喜《よろこ》びたる後《のち》、ついには子々孫々《ししそんそん》と共《とも》に、永遠《えいえん》に主《しゅ》のみ前《まえ》に楽《たの》しむことを得《え》しめたまえ。アーメン。

子女《こども》のためにする祈《いの》り

天《てん》にましますわれらの父《ちち》よ、▲われは主《しゅ》の御恵《おんめぐ》みによりて賜《たま》わりたるこの子女《こども》を、慎《つつし》みて主《しゅ》の御保護《ごほご》のもとに任《まか》せたてまつる。願《ねが》わくは御《おん》みずから、かれらの父《ちち》となりたまえ。われらの愛子《あいし》が世《よ》の腐敗《ふはい》に勝《か》ち、内外《ないがい》の悪《あ》しきいざないを防《ふせ》がんがために、御慈悲《おんじひ》をもって、かれらを強《つよ》め、悪魔《あくま》の謀計《ぼうけい》より救《すく》いたまえ。なおその心《こころ》に聖寵《せいちょう》を注《そそ》ぎ、聖霊《せいれい》の賜物《たまもの》を与《あた》えたまいて、イエス・キリストを認《みと》め愛《あい》せしめ、日々《ひび》み旨《むね》にかなわしめ、この世《よ》においては熱心《ねっしん》に主《しゅ》に仕《つか》え、後《のち》の世《よ》においては、主《しゅ》のみ前《まえ》に喜《よろこ》ぶを得《え》しめたまわんことを、われらの主《しゅ》イエス・キリストによりて願《ねが》いたてまつる。アーメン。

聖家族《せいかぞく》に対《たい》しておのが家族《かぞく》のためにする祈《いの》り

慈悲深《じひぶか》きイエス、主《しゅ》は、この世《よ》において選《えら》びたまいし聖家《せいか》族《ぞく》をもって、妙《たえ》なる善徳《ぜんとく》と家庭生活《かていせいかつ》の鑑《かがみ》とを示《しめ》したまえり。いま主《しゅ》のみ前《まえ》にひれ伏《ふ》して御《おん》あわれみを願《ねが》いたてまつるわれらの家族《かぞく》を顧《かえり》みたまえ。▲われらはとくに己《おのれ》を主《しゅ》にささげ、かつ任《まか》せたてまつりたれば、いつも主《しゅ》のものなるを覚《おぼ》えたまえ。願《ねが》わくは、御慈悲《おんじひ》をもってわれらを守《まも》り、必要《ひつよう》の時《とき》にわれらを助《たす》け、絶《た》えず主《しゅ》の聖家族《せいかぞく》の御徳《おんとく》に倣《なら》わしめたまえ。かくて常《つね》に主《しゅ》を敬《うやま》い愛《あい》したてまつり、ついには天国《てんごく》において、永遠《えいえん》に主《しゅ》を賛美《さんび》するを得《え》しめたまえ。

いとも甘美《かんび》なる聖母《せいぼ》マリア、▲われらは御《おん》ひとり子《ご》が、必《かなら》ず御身《おんみ》の祈《いの》りを聞《き》き入《い》れたもうべきを固《かた》く信《しん》じ、ひとえに御《おん》助《たす》けをこい願《ねが》いたてまつる。

いと幸《さいわ》いなる聖祖《せいそ》ヨセフ、▲御身《おんみ》のご保護《ほご》をもってわれらを助《たす》け、かつ聖母《せいぼ》と共《とも》にわれらの願《ねが》いを、イエス・キリストに取《と》り次《つ》ぎたまえ。アーメン。

幼児《おさなご》をささぐる祈《いの》り

いのちの源《みなもと》にましします天主《てんしゅ》、われは主《しゅ》の賜《たま》いたるこの幼児《おさなご》と共《とも》にはじめて主《しゅ》のみ前《まえ》に出《い》で、われは聖母《せいぼ》マリアが幼《おさな》きイエスを聖殿《せいでん》にささげたまいしに倣《なら》いて、無事《ぶじ》に生《う》まれしこの幼児《おさなご》を、感謝《かんしゃ》しつつ主《しゅ》にささげたてまつる。主《しゅ》よ、今《いま》より後《のち》、主《しゅ》より委《ゆだ》ねられし者《もの》としてこの幼児《おさなご》を養《やしな》い育《そだ》て得《う》るよう、われを助《たす》けたまえ。願《ねが》わくはあつき信仰《しんこう》の御恵《おんめぐ》みにより、いつの日《ひ》にかわれら親子《おやこ》も相共《あいとも》に天国《てんごく》において永遠《えいえん》に主《しゅ》を賛美《さんび》するを得《え》んことを、聖母《せいぼ》の御取《おんと》り次《つ》ぎによりてこい願《ねが》いたてまつる。アーメン。

信仰《しんこう》の一致《いっち》を求《もと》むる祈《いの》り

わが祈《いの》るは、かれらがことごとく一《いっ》ならんためなり。父《ちち》よ、かれこれ御身《おんみ》のわれにましまし、わが御身《おんみ》に居《お》るがごとく、かれらもわれらに居《お》りて一《いっ》ならんためにして、御身《おんみ》のわれを遣《つか》わしたまいしことを世《よ》に信《しん》ぜしめんとてなり。（ヨハネ17・20、21）

われ、汝《なんじ》に告《つ》ぐ、汝《なんじ》は岩《ペトロ》なり。

▲われこの岩《いわお》の上《うえ》にわが教会《きょうかい》を建《た》てん。

祈願《きがん》　主《しゅ》イエス・キリスト、主《しゅ》は使徒《しと》たちに向《む》かい、『われは平安《へいあん》を汝《なんじ》らに残《のこ》し、わが平安《へいあん》を汝《なんじ》らに与《あた》う』と宣《のたま》えり。願《ねが》わくはわれらの罪《つみ》を思《おも》いたまわずして、主《しゅ》の公教会《こうきょうかい》の信《しん》仰《こう》をみそなわしたまえ。主《しゅ》の思《おぼ》し召《め》しに従《したが》いて公教会《こうきょうかい》に平《へい》和《わ》と一致《いっち》とを与《あた》えたまわんことを、▲代々《よよ》に生《い》きかつしろしめしたもう天主《てんしゅ》に祈《いの》りたてまつる。アーメン。

よき収穫《しゅうかく》を願《ねが》う祈《いの》り

願《ねが》わくは地《ち》の百穀《ひゃっこく》を与《あた》え、かつこれを保《たも》たしめたまわんことを。

▲主《しゅ》、われらに聞《き》きたまえ。

祈願《きがん》　人類《じんるい》を造《つく》り、かつ日々《ひび》の糧《かて》もてこれを保《たも》ちたもう全《ぜん》能《のう》の天主《てんしゅ》、われらの田畑《たはた》と生《は》え出《い》ずるその五穀《ごこく》とを祝《しゅく》したまえ。願《ねが》わくは洪水《こうずい》と干《かん》ばつ、害虫《がいちゅう》と枯死病《こしびょう》など、すべての災《さい》害《がい》より防《ふせ》ぎ、よき収穫《しゅうかく》を恵《めぐ》みたまえ。またわが家《いえ》を守《まも》り、わが働《はたら》きを祝《しゅく》し、日々《ひび》安《やす》らかに主《しゅ》に仕《つか》え、常《つね》に、主《しゅ》のみ国《くに》とその義《ぎ》とを第一《だいいち》に求《もと》むるよう、われらを導《みちび》きたまえ。

▲アーメン。

＊聖書《せいしょ》の引用《いんよう》は『フランシスコ会訳聖書《かいやくせいしょ》』に準拠《じゅんきょ》

カトリックの祈《いの》り（改訂新版）

編　者――サン パウロ

発行所――サン パウロ

〒160-0011　東京都新宿区若葉 1-16-12
宣 教 推 進 部 (03) 3359-0451
宣教企画編集部 (03) 3357-6498

印刷所――三省堂印刷株式会社
1995 年 7 月 1 日 初版発行
2011 年 8 月 20 日 改訂初版 発行
2023 年 4 月 15 日 改訂新版 初版発行

東京大司教認可

ISBN978-4-8056-1538-6 C0016（日キ販）
落丁・乱丁はおとりかえいたします。